蘇格蘭獨立公投：政策發展與挑戰
Scottish Independence Referendum:
Policy Development and Challenges

黃琛瑜 著

自 序

　　2014年蘇格蘭舉行的獨立公投，使蘇格蘭自治運動的發展，攀上了新高峰，引起世人矚目。蘇格蘭與英國中央政府透過協商，得以行使民主合法的獨立公投權利，並獲得透過公投成為獨立國家的機會。蘇格蘭的獨立公投，不僅成為蘇格蘭獨立運動的試金石，亦是當代世界憲政主義的里程碑。

　　揆諸歷史，蘇格蘭1707年之前，為一獨立的國家，其王國歷史可追溯至西元九世紀。1707年蘇格蘭王國與英格蘭王國簽訂聯合法案，組成大不列顛聯合王國。然而，蘇格蘭追求獨立的意識和聲浪，始終未曾停歇。蘇格蘭的獨立運動，特別是過去十幾年來，出現許多重要的發展。英國中央政府為了緩解地方分離主義的壓力，推行權力下放（devolution）的制度改革。例如1997年新工黨政府上台後，英國中央政府推動權力下放，成立了蘇格蘭議會及蘇格蘭政府，開啟蘇格蘭地方分權發展史的新紀元。2012年英國中央政府與蘇格蘭協議後，同意蘇格蘭就獨立問題進行公投，為蘇格蘭獨立運動開啟一個新的契機。倘若獨立公投的結果，贊成蘇格蘭獨立者為多數，蘇格蘭將脫離英國，並預定於2016年3月24日建立一個獨立的國家。

　　蘇格蘭獨立公投，對蘇格蘭的前途，將產生關鍵影響。同時，蘇格蘭獨立公投對英國國家體制及地方分權的未來發展，亦將造成重大衝擊。倘若獨立公投通過，享有三百多年歷史的聯合王國勢將裂解，英國威爾斯及

北愛爾蘭的分離主義勢力，亦可能跟隨蘇格蘭之後，向英國政府要求更多的自治權力或進行獨立公投，從而引發英國後續的地方分權甚或進一步的國家分裂。

本書的主要目的有以下四項。一方面，希望透過蘇格蘭獨立公投的歷史沿革，分析蘇格蘭獨立公投得以順利推行，其關鍵的因素為何。二方面，希望探究蘇格蘭推行獨立公投的主要政策及其引發的爭議，特別是贊成和反對獨立兩個陣營對獨立公投的主張與辯論。三方面，希望從「蘇格蘭性」與「英國性」的角度，檢視蘇格蘭獨立公投背後的民族主義與國家認同。最後一方面，蘇格蘭獨立公投不僅對英國的國家體制與地方分權的未來影響甚大，對其他國家面對未來地方分離主義或地方分權的發展，亦為值得參考的重要個案。特別是，蘇格蘭爭取自治權力的過程中，除了獨立或維持現狀的選項之外，亦出現「最大化權力下放」（Devolution Max）、「加強權力下放」（Devolution Plus）等選項，這些自治模式，亦可為其他國家的地方分權，提供跳脫傳統窠臼的創新借鏡。

本書得以完成，要誠摯地向業師們致謝，包括臺灣大學政治學系的趙永茂教授、朱志宏教授、張碧珠教授、英國曼徹斯特大學政治學系的博士論文指導教授 Prof. Simon Bulmer 和Prof. Martin Burch、以及英國倫敦大學政經學院政治學系的老師 Mr. Alan Beattie。感謝老師們對我治學研究的啟蒙及啟發，使我於英國研究的領域能夠一路摸索前進。在此藉由本書的出版，向老師們致上最大的謝意和敬意。

黃琛瑜

2014年7月26日

目　次

表　次

第一章
蘇格蘭獨立公投的歷史背景

2014年蘇格蘭獨立公投的關鍵因素，包括蘇格蘭淵源悠久的歷史遠因，以及近十幾年來的政治發展近因。蘇格蘭的王國歷史，最早可追溯至西元九世紀，當時蘇格蘭建立了蘇格蘭王國。1707年蘇格蘭王國與英格蘭王國簽訂聯合法案，組成大不列顛聯合王國以前，除了1296至1382年之間遭到英格蘭王國併吞，蘇格蘭始終是一個獨立的國家。1707年以前的蘇格蘭雖是一個獨立的國家，但其間不斷遭遇英格蘭王國武力入侵及征服。蘇格蘭反抗英格蘭王國統治的戰爭歷史中，可以一窺蘇格蘭民族爭取獨立自由的堅定決心和毅力。

本書的研究問題，主要有三。首先，希望探討蘇格蘭獨立公投得以推行，其背後的關鍵因素為何。其次，希望探究蘇格蘭獨立公投引起的主要政策辯論為何。其三，希望探討蘇格蘭獨立公投的民族主義與國家認同基礎為何。針對上述研究問題，本書將依序分析。第一章及第二章分別檢視蘇格蘭獨立公投的歷史遠因，以及當代政治發展的關鍵近因。第二章從贊成及反對獨立的角度，就蘇格蘭獨立公投政策的主張與爭議，做一分析。最後，第四章透過英國性與蘇格蘭性的概念，析論蘇格蘭民族主義與國家認同的演變及挑戰。

2014年的蘇格蘭獨立公投，其遠因可溯源至蘇格蘭王國的歷史，包括長達八百多年的獨立王國歷史，及其與英國錯綜複雜的戰爭和聯盟關係。本章以下將就蘇格蘭王國的歷史，以及聯合王國成立後蘇格蘭的歷史發展，爬梳蘇格蘭與英國分合不斷的歷史脈絡。

第一節　蘇格蘭王國歷史

　　蘇格蘭的王國歷史，最早可追溯至西元九世紀，當時的國王肯尼士一世（Kenneth I MacAplin），建立了蘇格蘭王國。蘇格蘭王國成立後，其與英格蘭之間的疆界劃分，紛擾不斷。1707年蘇格蘭王國與英格蘭王國組成大不列顛聯合王國以前，蘇格蘭與英格蘭之間的戰爭與衝突，交織出兩國間的歷史糾葛。蘇格蘭對抗英格蘭的著名戰役，包括華勒斯（William Wallace）於1297年領軍擊退英格蘭，以及布魯斯（Robert the Bruce）於1314年於班諾克本（Bannockburn）擊敗英格蘭，使華勒斯和布魯斯成為蘇格蘭的民族英雄，並催化蘇格蘭的民族運動及意識的發展。

　　班諾克本一役之後，蘇格蘭繼續成為一個獨立的國家，但其與英格蘭之間的關係，仍充滿大小不斷的動亂與反抗。1603年，英格蘭的女王伊麗莎白一世駕崩，蘇格蘭國王詹姆斯六世（James VI）繼位為英格蘭國王，成為詹姆斯一世。蘇格蘭和英格蘭因此成為共主聯盟。這個時期的蘇格蘭與英格蘭，除了擁有共同的君主外，仍保有各自的政治體制，包括國會、法律等，彼此之間維持相對和平的關係。

　　蘇格蘭與英格蘭共尊一王後，政治上，權力由倫敦的英格蘭王國掌握。經濟上，英格蘭透過殖民地的擴張，大幅累積財富，倫敦並成為全球貿易中心。相反地，十七世紀末，由於財政困窘、饑荒等原因，蘇格蘭的經濟情況逐漸陷入困境。1700年，蘇格蘭成為歐洲最貧窮的獨立國之一（Herman, 2003: 13）。

　　英格蘭與蘇格蘭結盟的想法，始於1689年的蘇格蘭議會。當時的蘇格蘭貴族與仕紳階級，開始構思蘇格蘭與英格蘭共組聯盟的計畫。對此計畫，英王威廉三世表示樂見其成。其中的原因之一，乃是英格蘭欲藉由與

蘇格蘭的合併，避免蘇格蘭淪爲詹姆斯黨人的反抗基地，防止斯圖亞特王朝復辟（UK Parliament, 2014a；Herman, 2003: 48）。蘇格蘭派代表與英格蘭協商，但英格蘭方面則未表興趣。1959年英國上院提出結盟提案，但仍未獲重視。1699年蘇格蘭與英格蘭雙方開始討論合併計畫，而英格蘭承認結盟對彼此有利（UK Parliament, 2014a）。1706年兩國開始就蘇格蘭與英格蘭結盟一事，進行協商。安妮女王並任命英格蘭和蘇格蘭各61位的協商委員，雙方共同協商聯合法案（National Library of Scotland, 2014）。

英格蘭的政治動機，加上蘇格蘭的經濟動機，促使兩方走上合併之路。政治上，合併可以牽制並防止詹姆斯黨人的反抗，對英格蘭的王權鞏固有利。經濟上，合併可使蘇格蘭分享英格蘭的廣大海外殖民市場，對蘇格蘭的經濟大爲有利。1706年聯合法案（Treaty of Union）的草案公布後，蘇格蘭的許多城市出現暴動抗議。贊成與反對合併的人士，展開激烈的辯論。對英格蘭而言，與蘇格蘭的合併，可使蘇格蘭納入英格蘭政經體制，對其一舉多得。

然而，對蘇格蘭而言，則是五味雜陳的決定。一方面，支持蘇格蘭與英格蘭合併者，著眼於合併後對蘇格蘭的經濟與貿易發展，將大爲有利。另一方面，反對蘇格蘭與英格蘭合併者，認爲兩國合併後蘇格蘭將喪失其主權，成爲附屬於英格蘭的附庸國。大多數的蘇格蘭民眾，反對與英格蘭合併。蘇格蘭的政治菁英及資產階級，則希望透過合併，改善蘇格蘭或自身的經濟情況。

贊成合併的支持者，例如蘇格蘭政治家麥肯思（Sir George Mackenzie）主張，蘇格蘭與英格蘭合併爲一個聯盟，意味「力量、榮耀、財富、和平、安全的增加」（National Library of Scotland, 2014）。蘇格蘭議員克拉克（Sir John Clerk），同時亦爲授權協商聯合法案的蘇格蘭委員代表之一，認爲與大多數民意相左的情況是，「與英格蘭合併共組聯盟，我們的

主權與古代遺緒都不會消失」。此外，他亦強調，合併後蘇格蘭可以「與英格蘭自由貿易，並擁有更多殖民地」（*Ibid.*）。

反對合併的支持者則認為，合併後的蘇格蘭將喪失國家的政治自主性，並對合併是否將為蘇格蘭經濟帶來好處，感到質疑。例如反對合併的知名蘇格蘭議員傅萊卻（Andrew Fletcher）表示，合併後蘇格蘭好似一個被征服的行省。他比喻形容合併後蘇格蘭政治自主性的削減：「要賄賂倫敦的四十五名蘇格蘭人，遠比賄賂三百名蘇格蘭人容易」（*Ibid.*）。蘇格蘭議員富比士（William Forbes）則擔憂，英格蘭被描述成逸樂與奢華生活的代表，而這正是蘇格蘭所鄙視的（*Ibid.*）。

聯合法案（Treaty of Union）於1707年經議會通過，贊成票數為110票，遠勝過反對的69票。蘇格蘭接受聯合法案的主因，主要是出於經濟的動機，希望獲得英格蘭的經濟援助，以及透過英格蘭海外殖民地的廣大市場，發展蘇格蘭的經濟與貿易。特別是蘇格蘭政府公開募資，於1690年代推行的「達林計畫」（Darien Scheme），此一海外殖民計畫慘遭挫敗，並導致參與計畫的貴族和資產階級的投資血本無歸。根據估計，蘇格蘭投入「達林計畫」的資金，約相當於全蘇格蘭財富的四分之一至二分之一（Little, 2014）。

因此，「達林計畫」的失利，促使蘇格蘭思考，是否應透過與英格蘭合併，挽救當前的財政危機並共創未來商機。贊成聯合法案的蘇格蘭議員，多為蘇格蘭的貴族和資產階級。這些議員的個人經濟動機，亦成為法案通過的原因之一。特別是法案協商過程中，出現英格蘭對蘇格蘭進行賄賂，以利法案通過。聯合法案中規定，英格蘭將支付蘇格蘭一筆約四十萬英鎊的「等價物」，其實是藉以補償蘇格蘭分擔英國國債，但藉以補償「達林計畫」中的投資失利者（UK Parliament, 2014b）。英格蘭並提供兩萬英鎊的祕密資金，向蘇格蘭人士進行直接賄賂，以爭取聯合法案

的通過（Scott, 2006）。蘇格蘭詩人彭斯（Robert Burns）對此大表不滿，並留下著名詩句：「我們被英格蘭的黃金收買，這眞是國家的一群惡棍」（Burns, 1791）。

蘇格蘭與英格蘭合併後，擁有八百多年歷史的蘇格蘭王國，便走入歷史。象徵蘇格蘭政治權力的蘇格蘭議會，亦於1707年終止運作。蘇格蘭與英格蘭的合併，突顯出時代環境的壓迫下，特別是面臨財政危機與饑荒帶來的困窘，蘇格蘭所做的無奈妥協。結盟使蘇格蘭此一獨立國家走入歷史，聯合王國中的政治權力，亦由英格蘭倫敦的王國政府所主導，蘇格蘭的國家主權可謂壽終正寢。然而，聯合王國成立後，蘇格蘭透過與英格蘭的相互交流和合作，反而創造了蘇格蘭更大的發展與利益。

第二節 聯合王國與蘇格蘭

1707年蘇格蘭王國與英格蘭王國簽訂聯合法案（Treaty of Union），合併組成大不列顛聯合王國（United Kingdom of Great Britain）。聯合法案通過後，蘇格蘭議會併入英格蘭的議會，但蘇格蘭仍保有舊有的宗教、教育、司法三大社會體系。

大不列顛聯合王國成立後，蘇格蘭與英格蘭仍時有衝突。聯合法案簽定翌年，蘇格蘭斯圖亞特王室擁護者希望廢除聯合法案，並進行了數次對英格蘭的反抗戰爭。1746年，蘇格蘭斯圖亞特王室擁護者爲了抵抗英格蘭，再次與英格蘭決戰。蘇格蘭軍隊於戰役中遭到擊潰，但這場古洛登戰役（Battle of Gulloden）不僅成爲蘇格蘭與英格蘭的重要民族戰役，亦爲蘇格蘭與英格蘭於英國本土的最後一場激戰。

古洛登戰役之後，蘇格蘭對英格蘭的軍事抗爭逐漸告歇。蘇格蘭與英

格蘭之間的主要關係，其焦點從政治及軍事的敵對反抗，轉變到經濟和文明的共生互利。十八世紀以降，由於英國工業革命的興起，以及蘇格蘭啓蒙時代的來臨，蘇格蘭在工業與知識思想方面，獲得蓬勃的發展。

十八及十九世紀的蘇格蘭，孕育出許多重要的知識分子，並對現代世界的文明產生巨大影響。蘇格蘭著名的知識分子，包括現代經濟學之父亞當・史密斯（Adam Smith）、哲學家休姆（David Hume）、詩人彭斯（Robert Burns）、哲學家里德（Thomas Reid）、哲學家史都華（Dugald Stewart）、哲學家弗格森（Adam Ferguson）、發明蒸氣機的瓦特（James Watt）、發現盤尼西林的微生物學家佛萊明（Alexander Fleming）、發明電話的貝爾（Alexander Graham Bell）、土木工程學之父泰爾福德（Thomas Telford）、發現絕對溫度的物理學家凱爾文（Lord Kelvin）、新古典主義建築師亞當（Robert Adam）、諷刺作家卡萊爾（Thomas Carlyle）、地理學家米勒（Hugh Miller）等（Scottish Government, 2014a）。

十八世紀及十九世紀的蘇格蘭與英格蘭，透過共生互利迅速發展。特別是隨著大英帝國（British Empire）的發展，蘇格蘭亦分享到全球貿易的好處，並擴展了蘇格蘭的世界影響力。大英帝國於19世紀達到頂盛，成為世界歷史上領土最廣、人口最多的帝國。大英帝國的領土，一度涵蓋全球五分之一的陸地面積，四分之一的人口（Herman, 2003: 323），因此享有「日不落國」的美譽。

蘇格蘭身處大英帝國，使蘇格蘭順勢而起獲得更多的發展。蘇格蘭裔的英國史學家弗格森（Nail Ferguson），以其自身經驗描述大英帝國對蘇格蘭的影響。他表示：「如果說我是生長在帝國的陰影之下，難免給人慘淡的印象。實際上，對蘇格蘭人而言，大英帝國如同燦爛的陽光，帶給許多人機會與希望」（Ferguson, 2014: 10）。

蘇格蘭受益於大英帝國帶來的機會與希望，同時亦對大英帝國的發

展，建樹有功。學者赫曼（Arther Herman）指出，倘若沒有蘇格蘭人，大英帝國也無從誕生（Herman, 2003: 323）。英國軍隊中，蘇格蘭軍人扮演重要的角色，協助英國以武力征服殖民地。除了軍事手段之外，英國亦透過移民屯墾與貿易，拓展大英帝國的版圖。於此過程中，蘇格蘭人亦扮演關鍵角色（*Ibid.*, 337）。包括美國、加拿大、澳大利亞、非洲、亞洲等地的開墾，蘇格蘭移民與商人的足跡無所不在，對當地的開發及現代化做出巨大貢獻。

　　蘇格蘭與英格蘭合併後，成為大英帝國的一分子，而蘇格蘭亦緊抓住這個機會，大舉移民新世界。蘇格蘭的世界影響力，因而隨著大英帝國而四處擴散。英國自由黨議員狄爾克（Sir Charles Dilke），曾於1888年形容大英帝國開疆闢土過程中，蘇格蘭人的角色居功厥偉。他表示：「英國殖民地中，從加拿大到錫蘭，從但尼丁到孟買，你遇到一個白手起家而致富的英格蘭人，便會遇到十個蘇格蘭人」（Education Scotland, 2014a）。

　　根據統計，1763至1777年間，約有五萬名蘇格蘭移民定居北美（Education Scotland, 2014b），特別是美國和加拿大等地，成為蘇格蘭大量移民的地區。蘇格蘭在美國及加拿大的影響力，因此不言可喻。舉例而言，75%的美國總統，擁有蘇格蘭血統；簽署美國獨立宣言的56位代表中，有19位來自蘇格蘭及（目前北愛爾蘭的）厄爾斯特（*Ibid.*；加拿大太平洋鐵路的幕後功臣，即為蘇格蘭的史蒂芬（Lord Mount Stephen）；加拿大三分之一的商業菁英，擁有蘇格蘭血統（*Ibid.*）。根據蘇格蘭政府官方數據指出，全世界約有五千萬人擁有蘇格蘭血統，世界五大洲，皆可以看到蘇格蘭人的身影（Scottish Government, 2014b）。拜大英帝國之賜，蘇格蘭的影響力，得以遍及全世界。

　　十九世紀末開始至二十世紀，隨著英國政黨政治與選舉制度的不斷發展，蘇格蘭開始透過政黨及選舉，而非十八世紀之前的軍事反叛，爭取

自治的權力。1888年蘇格蘭工黨（Scottish Labour Party）成立，並支持蘇格蘭的地方自治。蘇格蘭民族黨（Scottish National Party, SNP）於1934年成立，該黨支持蘇格蘭自治，係由兩個政黨合併而成，包括1928年成立的蘇格蘭國家黨（National Party of Scotland）以及1932年成立的蘇格蘭黨（Scottish Party）（Scottish Government, 2009a）。蘇格蘭民族黨於1967年贏得國會席次，於全國性的選舉舞台初露頭角，逐漸發展為一個具有政治影響力的政黨。透過政黨政治，蘇格蘭的自治運動亦不斷發展。1970年代初期，蘇格蘭於北海地區發現石油，對蘇格蘭的經濟和民族運動注入新的能源。蘇格蘭民族黨於1974年的國會大選中，並以「這是蘇格蘭的石油」（It's Scotland's Oil），作為競選標語。

面對逐漸高漲的自治要求，英國首相卡拉漢（James Callaghan）帶領的工黨政府，於1978年提出1978年蘇格蘭法案，法案中允許蘇格蘭成立議會，但附有須獲得公投通過的但書。於此背景下，1979年蘇格蘭就1978年蘇格蘭法案進行立法後（post-legislative）公投。公投結果獲得51.6%過半選民的同意支持，但投票率僅為32.9%，且未達總公投人數40%的門檻，因此公投未獲通過。1979年的蘇格蘭公投雖然失利，但是蘇格蘭追求自治的訴求，已埋下了種子，並在1997年新公黨上台後，獲得重大進展。

第二章
蘇格蘭獨立公投的關鍵發展

　　蘇格蘭得以進行獨立公投，除了上一章已討論的蘇格蘭悠久歷史的遠因，近十幾年來關鍵的政治發展，成爲促成蘇格蘭獨立公投的重要近因。英國的權力下放（devolution，或譯爲地方分權），亦即英國中央政府將權力轉移或下放至地方政府的過程。英國權力下放的特性，主要有二。首先，在於中央政府轉移或下放給地方政府的權力多寡，是由中央政府決定，而這些轉移或下放給地方政府的權力，亦可由中央政府收回。因此，英國的地方分權，呈現一種權力下放的流動性。其次，英國中央政府在英格蘭、蘇格蘭、威爾斯、北愛爾蘭四個地區，推行不同程度的權力下放，使得英國地方分權，呈現出不同地區下放權力的不對稱性。

　　蘇格蘭與英格蘭自1707年合併以來，英國中央政府便試圖透過地方分權的政策，緩解蘇格蘭的自治要求與主張。英國工黨政府對於蘇格蘭地區的權力下放，較爲支持，但英國保守黨政府的立場，則對蘇格蘭地區進行權力下放表示反對。舉例而言，1969年英國工黨政府的首相威爾遜（Harold Wilson）成立皇家憲政委員會（Royal Commission on Constitution），主要成立蘇格蘭議會，然該主張並未落實。1979年和1997年分別在英國工黨政府卡拉漢（James Callaghan）首相及布萊爾首相（Tony Blair）的領導下，就成立蘇格蘭議會的議題，進行了兩次公投。相較於此，英國保守黨政府，特別是柴契爾（Margaret Thatcher）首相和梅傑（John Major）首相，則強烈反對加強蘇格蘭權力下放的相關政策。

　　就近因而論，蘇格蘭得以推行獨立公投，主要歸因於英國近十幾年來有關地方分權的關鍵發展，包括1997年新工黨政府上台後推行的權力下

放，蘇格蘭獨立黨的議會勝選，以及目前執政的英國聯合政府對獨立公投的讓步協議。以下就蘇格蘭近年來獨立公投的關鍵發展，進行分析。

第一節　新工黨政府的權力下放

　　新工黨政府於1997年上台後，積極推動地方分權的制度改革，在英國的英格蘭、蘇格蘭、威爾斯、北愛爾蘭四個地區，推行權力下放。相較於英格蘭、威爾斯與北愛爾蘭，蘇格蘭地區的權力下放，獲得最多移轉自英國中央政府的權力。在新工黨布萊爾政府積極推動權力下放的過程中，開啓了英國邁向獨立公投的機會之窗。

　　1997年英國舉行蘇格蘭權力下放公投（Scottish Devolution Referendum），相較於1979年蘇格蘭的立法後公投，這次的公投爲針對蘇格蘭權力下放的立法前（pre-legislative）公投。公投的議題，包括蘇格蘭應否成立議會，以及蘇格蘭議會應否擁有稅收變更權。公投的結果，74.3%的選民支持成立蘇格蘭議會，63.5%的選民同意蘇格蘭議會應該擁有稅收變更權（Dewdney, 1997: 9）。1979及1997年的兩次蘇格蘭公投結果，請參閱表2-1。

　　1997年公投後，英國國會於次年通過1998年蘇格蘭法（The Scotland Act 1998）。1999年5月6日蘇格蘭議會（Scottish Parliament）舉行首次選舉，選出129名蘇格蘭議會議員（Member of Scottish Parliament, MSP）並開始運作，開啓蘇格蘭地方分權發展史的新紀元。蘇格蘭議會成立後，蘇格蘭民眾於1707年蘇格蘭議會停止運作後，得以再次擁有屬於蘇格蘭的民選議會。蘇格蘭議會大樓建於蘇格蘭首府愛丁堡的荷里盧（Holyrood）地區，目前Holyrood亦成爲蘇格蘭議會的代稱。

表2-1　1979及1997年公投結果對照表

	1979蘇格蘭公投	1997蘇格蘭地方分權公投	
公投問題	應否成立蘇格蘭議會？	1.應否成立蘇格蘭議會？	2.蘇格蘭議會應否擁有稅收變更權？
同意	51.6%	74.3%	63.5%
不同意	48.4%	25.7%	36.5%
投票率	32.5%	44.7%	38.1%
投票率門檻	40%	無	無
公投結果	未獲通過（未達40%的投票率門檻）	獲得通過	獲得通過

資料來源：Dewdney, R. (1997: 9)

　　蘇格蘭議會成立後，除了享有監督蘇格蘭政府的功能外，也獲得英國中央政府下放權力之政策領域的立法權。依據1998年蘇格蘭法，英國政府於保留事務（reserved matters）的政策領域上，保有政策決定權。保留事務的政策領域，包括憲法及一般保留事務、經濟與財政、內政、貿易與產業、能源、交通、社會安全、專業規範、就業、健康與醫藥、媒體與文化等（The Scotland Act 1998, 1998；Scottish Government, 2013a: 591-594）。

　　保留事務規定之外的政策領域，蘇格蘭議會享有自英國中央政府下放的權力。舉例而言，在健康、教育與訓練、地方政府、社會工作、規畫、旅遊與對產業的經濟發展及財務協助、部分的交通政策、法律與內政事務、警察與消防服務、環境、自然與建築遺產、農業與林務暨漁業、運動與藝術等政策領域上，蘇格蘭議會享有立法權（Scottish Government, 2013a: 590-591）。同時，根據1998年蘇格蘭法，蘇格蘭議會亦獲得稅收變更權力，擁有將所得稅的基本稅率提高或降低最多3%的權力（The Scotland Act 1998, 1998）。有關蘇格蘭獲得的下放權力，以及英國中央政府的保留事務權力，請參閱表2-2。

表2-2　蘇格蘭政府獲得的下放權力及英國政府的保留權力

蘇格蘭政府獲得的下放權力	英國政府的保留權力
·健康	·憲法與一般保留事務
·教育與訓練	·經濟與財政
·地方政府	·內政
·社會工作	·貿易與產業
·規畫	·能源
·旅遊與對產業的經濟發展及財務協助	·交通
·部分的交通政策（包括蘇格蘭道路網絡、公車政策、港口）	·社會安全
·法律與內政事務（包括刑法與民法的多數範疇、訴訟制度、法庭）	·專業規範
·警察與消防服務	·就業
·環境	·健康與醫藥
·自然與建築遺產	·媒體與文化
·農業、林務與漁業	·其他
·運動與藝術	
·統計、公開註冊與資料	
·空氣槍管制	
·特定稅收權（地方稅、土地及建物交易稅、廢棄物掩埋稅）	
·提高或降低所得稅的權力（最大幅度為3%）	

資料來源：Scottish Government（2013a: 590-594）

　　根據1998年蘇格蘭法，蘇格蘭行政院（Scottish Executive）亦於1999年成立，蘇格蘭的行政權力獲得強化。一方面，蘇格蘭議會選舉產生的首席大臣（First Minister），領導其他內閣官員與部會首長，形成蘇格蘭的行政權力核心。蘇格蘭行政院的名稱，於2012年時則由蘇格蘭政府（Scottish Government）所取代。與蘇格蘭議會相同，根據1998年蘇格蘭法，蘇

格蘭行政院亦獲得保留事務以外的政策領域決策權。

　　鑒此，新工黨政府推動權力下放後，蘇格蘭在特定的政策領域獲得來自英國中央政府下放的行政與立法權，使原先英國中央政府對這些政策領域的管轄權，移轉到蘇格蘭地方政府。蘇格蘭議會及蘇格蘭政府的成立，成爲1707年蘇格蘭王國與英格蘭王國合併後，蘇格蘭地區地方分權的重大發展，並開啓後續蘇格蘭推動獨立的新契機。

　　英國新工黨政府於1997年上台後，積極推動權力下放，希望緩和蘇格蘭以及英國其他地區的自治要求與民族主義運動。然而，新工黨政府的權力下放政策，非但沒有緩解蘇格蘭的民族自治主張，反而間接促成了蘇格蘭獨立公投的發展。1995年英國工黨籍影子內閣蘇格蘭部長羅伯遜（George Robertson），爲了緩解民眾對權力下放將爲蘇格蘭民族黨搭建更大平台的疑慮，指出「權力下放將會完全殲滅民族主義」（Curtice, 2011）。然而，事後證明，新工黨的權力下放政策，並未完全殲滅民族主義，反而使蘇格蘭民族黨的勢力大增，於2007及2011年的蘇格蘭議會選舉中瓜分工黨的選票，最後並將蘇格蘭獨立公投的主張，化爲現實。

　　此外，英國前首相布萊爾，於其卸任後出版的回憶錄《一趟旅程：我的政治生涯》（*A Journey: My Political Life*）一書中，對其積極推動的權力下放政策，提出反思。布萊爾承認，對蘇格蘭權力下放是一場「危險的博弈」，因爲「你永遠無法確定民族主義情感的盡頭，以及分離主義的起點」（Blair, 2010）。布萊爾強調自己「從來不是一位熱情的權力下放主義者」，相反地，他支持英國團結，並對民族主義這個概念感到懷疑（*Ibid.*）。因此，英國新工黨政府的權力下放政策，其回報與後果遠超過當時的預期。

第二節　蘇格蘭民族黨的議會勝選

　　蘇格蘭議會成立後，2011年5月的蘇格蘭議會選舉，主張蘇格蘭獨立的蘇格蘭民族黨（Scottish National Party, SNP），首次贏得蘇格蘭議會的選舉並取得議會的過半數席次，成為議會的第一大黨並組成政府，開啓蘇格蘭推動獨立的新篇章。2011年5月5日的英國議會選舉，蘇格蘭民族黨獲壓倒性多數選票，成為蘇格蘭最大政黨。蘇格蘭議會129個席次中，蘇格蘭民族黨獲得69席議員名額，取得過半數的席次。工黨獲得37席，蘇格蘭保守和統一黨獲15席。蘇格蘭自由民主黨獲得5席，蘇格蘭綠黨獲得2席（Scottish Parliament, 2011: 3）。2011年蘇格蘭地方選舉結果，請參閱表2-3。

　　蘇格蘭民族黨的政策主張，包括加強1998年蘇格蘭法中，英國中央政府下放給蘇格蘭的權力，蘇格蘭獨立公投等。蘇格蘭民族黨的勝選，改寫

表2-3　2011年蘇格蘭議會選舉結果

政黨	選區得票率	地區得票率	所獲席次	所獲席次比率
蘇格蘭民族黨	45.4%	44.0%	69	53.5%
蘇格蘭工黨	31.7%	26.3%	37	28.7%
蘇格蘭保守和統一黨	13.9%	12.4%	15	11.6%
蘇格蘭自由民主黨	7.9%	5.2%	5	3.9%
蘇格蘭綠黨	—	4.4%	2	1.6%
獨立參選議員	—	7.7%	1	0.8%
其他	1.1%	6.8%	—	—

資料來源：Scottish Parliament (2011: 3)
註：蘇格蘭議會選舉採單一選區兩票制（Additional Member System），選民可以投兩票，一票投給選區（constituency），一票投給地區（region）。2011年的蘇格蘭議會選舉，129名議會議員中，有73席選區議會議員，56席地區議會議員（Scottish Parliament, 2011）。

了蘇格蘭的政治版圖，亦對英國中央政府與蘇格蘭地方政府的未來關係，開啓了新的一頁。

蘇格蘭民族黨勝選的原因，主要有四。首先，蘇格蘭民族黨勝選，一部分原因來自工黨的挫敗。工黨長久以來爲蘇格蘭的最多大數黨，其政策主張，包括具有社會主義色彩的福利政策，以及支持蘇格蘭地區的權力下放，皆受到蘇格蘭民眾的支持。然而，1960年代以降，蘇格蘭開始出現高失業率和經濟危機，蘇格蘭工黨無法有效回應戰後蘇格蘭社會經濟面臨的問題。因此，許多蘇格蘭選民因此轉向蘇格蘭民族黨，期望蘇格蘭民族黨能提供國家治理的一帖良方（Hassan, 2011: 367）。

英國新工黨政府於1997年上台後，布萊爾政府採取「第三條路」（The Third Way）的政治路線，試圖調和右派的市場經濟理念，以及左派的福利國家精神，以爭取中間選民。新工黨向右傾斜的路線調整，傳統的福利政策受到限縮，引起蘇格蘭選民的不滿。此外，新工黨首相布萊爾與美國出兵阿富汗與伊拉克的決定，亦引起蘇格蘭反戰民眾的不滿。於是，蘇格蘭工黨的選票逐漸流失，且被同樣是中間偏左的蘇格蘭民族黨所吸收。2002年的政黨文宣中，蘇格蘭民族黨將自己定位爲比工黨更左傾（Russell, 2014）。2011年工黨的挫敗，亦間接促成蘇格蘭民族黨的成功。

其次，2007年蘇格蘭議會選舉中，蘇格蘭民族黨雖未拿下過半席次，但得以組成少數政府。蘇格蘭民族黨於2007至2011年的執政經驗，使蘇格蘭民族黨從過去的反對黨轉變成務實的執政黨，建立起蘇格蘭民族黨的政府治理能力與聲譽，因而有利於蘇格蘭民族黨的勝選（Tonge, 2011: 8）。

其三，蘇格蘭民族黨黨魁薩蒙德（Alex Salmond），其個人魅力與領導能力，使蘇格蘭民族黨受到選民歡迎，聲勢大漲。蘇格蘭民族黨的壓倒性成功，如學者哈珊（Gerry Hassan）指出，薩蒙德的領導技巧爲原因之

一（Hassan, 2011: 365）。舉例而言，2011年蘇格蘭議會選舉投票，蘇格蘭的工黨採取負面、攻擊性的選舉策略，薩蒙德則維持正面的選戰操作，並最後取得勝利（Black, 2012a）。薩蒙德被譽為具有天分的政治人物，一如英國BBC記者布萊克（Andrew Black）形容：「不管你喜愛或厭惡他，很少人能否定薩蒙德作為一位政治人物的技巧與成就」（*Ibid.*）。學者蓋勒格（Tomas Gallagher）亦認為，媒體文化的明星化，使得薩蒙德這樣「興高采烈」的政治人物，得以脫穎而出（Gallagher, 2014: 33-34）。

最後，蘇格蘭民族黨的轉型，從原先強調「民族」觀點的民族主義，轉變至強調「公民」觀點的民族主義。早期的蘇格蘭民族黨，強調傳統的、較為狹隘的民族主義。然而，薩蒙德於1990年的蘇格蘭民族黨的黨魁選舉，開始拒絕以排外性的民族角度建構蘇格蘭的民族主義，並獲得黨內的選舉支持（Leith, 2008；Lynch, 2009；Mycock, 2012）。現在的蘇格蘭民族黨，跳脫過去以民族為中心的狹隘民族主義，試圖以公民的角度詮釋蘇格蘭的民族主義（Keating, 2009；Miller, 2008；Preston, 2008；Mycock, 2012）。由於蘇格蘭民族黨的轉型，使其民族主義的訴求顯得更為寬廣及包容，並因而獲得選民的青睞。

第三節　卡麥隆政府的妥協

2012年10月25日英國中央政府與蘇格蘭政府，就蘇格蘭公投計畫達成協議。保守黨與自由民主黨組成的英國中央政府，對獨立公投的讓步協議，成為蘇格蘭得以推行獨立公投的關鍵發展。

傳統上，英國保守黨對蘇格蘭、威爾斯、北愛等地區的權力下放，深感疑慮。為了消除地方分權政府對保守黨的疑慮，首相卡麥隆（David Cameron）上任後，旋即對蘇格蘭議會與威爾斯議會表達「尊重」（respect）的善意，希望能和地方政府維持相互尊重的全新關係（BBC News, 2010）。另一方面，自由民主黨對英國地方分權，則表示支持。在這兩個立場相左的政黨組成的聯合政府運作下，蘇格蘭的地方分權乃出現了關鍵性的發展。

2012年初，卡麥隆政府針對蘇格蘭的公投要求，展開政策攻防，並企圖主導公投議題。卡麥隆政府表示同意蘇格蘭進行公投，但在公投時間、投票年齡、以及投票問題上，提出堅持。就公投時間而言，卡麥隆政府希望公投於18個月內舉行。卡麥隆主張儘速舉行公投的目的，是希望減少蘇格蘭獨立派的宣傳時間。但是蘇格蘭民族黨方面，則計畫於2014年下半年舉行公投，因為一方面，蘇格蘭民族黨希望藉由拖延爭取更多民心支持獨立，另一方面，2014年亦為蘇格蘭重要的班諾克本（Bannockburn）民族戰役的七百週年。就投票年齡上，卡麥隆政府希望維持目前18歲以上的投票年齡。蘇格蘭則主張於這次公投中，賦予16歲和17歲青年投票權，希望藉以增加支持獨立的選票，但卡麥隆政府則反對降低公投年齡至16歲。

公投問題上，卡麥隆主張僅能就蘇格蘭應否獨立此一問題進行公投。蘇格蘭民族黨則希望，除了是否贊成獨立的問題之外，能夠加上是否贊成「最大化權力下放」（Devolution Max 或簡稱 Devo-Max）的第二個問題。自由民主黨、工黨、保守黨部分人士，則提出「加強權力下放」（Devolution Plus 或簡稱 Devo-Plus或 Devo+）的主張，並希望將此納入公投選項。然而，卡麥隆政府希望公投問題只有一個，亦即贊成或反對蘇格蘭獨立，因而反對將「最大化權力下放」或「加強權力下放」等選項納入公投問題。卡麥隆認為，公投應聚焦於是否獨立此一問題，權力下放的其他選項，則是另一個議題。此外，「最大化權力下放」或「加強權力下放」的概念模糊，選民易感困惑，因此不宜放入公投問題。

自2000年以來，蘇格蘭民族黨對「最大化權力下放」，便表示支持

（Torrance, 2013）。2012年蘇格蘭與英國中央政府協商獨立公投時，蘇格蘭民族黨希望將「最大化權力下放」，納入成為蘇格蘭公投問題，成為除了贊成獨立與否的問題之外的第二個公投問題。根據2009年蘇格蘭政府提出的白皮書《你的蘇格蘭，你的聲音》（*Your Scotland, Your Voice*），「最大化權力下放」亦被稱為「完全權力下放」（Full Devolution），其內涵為蘇格蘭續留英國，但獲得最大程度的權力下放（Scottish Government, 2009a: 16）。「最大化權力下放」模式下，蘇格蘭將獲得更多內政事務上的責任，以促進永續的經濟成長，但在部分政策領域上，例如外交、國防、總體經濟策、部分稅收權力、社會保障與退休金等，英國中央政府仍保留權力（Ibid.）。

2010年蘇格蘭政府提出的《蘇格蘭的未來：（蘇格蘭）公投法草案諮詢文件》（*Scotland's Future: Draft Referendum (Scotland) Bill Consultation Paper*）中，進一步闡釋「最大化權力下放」的內涵，亦即「蘇格蘭議會及政府將獲得更多責任，包括國內事務、所有或大多數蘇格蘭稅收的徵收與管理，以及大部分的公共支出」（Scottish Government, 2010: 12）。但英國中央政府在部分政策領域上仍保留權力，例如國防、外交、金融監管、貨幣政策等（*Ibid.*, 13）。

易言之，「最大化權力下放」的模式下，蘇格蘭政府擁有所有或大部分稅收的徵收及管理權力，並擁有大部分政策領域的財政支出權。一如蘇格蘭民族黨議員麥克斯威爾（Stewart Maxwell）所言，「最大化權力下放」的共同定義是「國防與外交事務之外的完全權力下放」（Buchanan, 2012），或如學者基庭（Michael Keating）所言，「最大化權力下放」是權力下放或聯邦原則的極限延伸（Keating, 2012）。

另一方面，2012年2月中間偏右的智庫團體「改革蘇格蘭」（Reform Scotland），提出「加強權力下放」的主張。「改革蘇格蘭」的代表成

員，包括聯盟派的部分蘇格蘭籍議員，例如由自由民主黨的史考特（Tav-ish Scott）、工黨的麥克內爾（Duncan McNeil）、以及保守黨的弗格森（Alex Fergusson）。根據該團體的主張，「加強權力下放」的模式運作下，蘇格蘭與英國中央政府，共同享有蘇格蘭稅收的權力，但蘇格蘭將擁有60%的蘇格蘭稅收權。與目前相較，蘇格蘭政將將獲得更多的稅收權，例如所得稅、公司稅、資本利得稅、保險費稅等。英國中央政府則繼續保有部分稅收權，例如貨物加值稅、國家保險等（Devo Plus, 2012）。

「最大化權力下放」與「加強權力下放」的概念，皆為一種權力下放的創新模式，希望透過財政自主，達成非獨立但接近獨立的自治體制。「最大化權力下放」與「加強權力下放」的理念相近，但兩者略有不同。「加強權力下放」與「最大化權力下放」相較，前者的權力下放程度較小，而後者的權力下放程度較高。由於「最大化權力下放」與「加強權力下放」的概念發展尚未成熟，兩者仍未有清楚的定義。有關「最大化權力下放」與「加強權力下放」的異同，請參閱表2-4。

表2-4　「最大化權力下放」與「加強權力下放」的異同

	「最大化權力下放」（Devo-Max）	「加強權力下放」（Devo-Plus）
支持政黨	蘇格蘭民族黨	自由民主黨、工黨，保守黨部分人士
主要特性	財政自主的權力下放模式；蘇格蘭將擁有所有或大部分的蘇格蘭稅收及支出權。	財政自主的權力下放模式；蘇格蘭將擁有60%的蘇格蘭稅收權。
權力下放程度	權力下放程度較高	權力下放程度較低
權力下放的領域	享有更多領域的權力下放，包括國內事務所有或大多數蘇格蘭稅收的徵收及管理、大部分的公共支出。	享有更多的稅收權，例如所得稅、公司稅、資本利得稅、保險費稅等。
未獲權力下放的政策領域	外交、國防、總體經濟策（例如金融監管、貨幣政策）、部分稅收權、社會保障與退休金等政策領域，仍由英國中央政府掌控。	外交、國防、貨物加值稅、國家保險等政策領域，仍由英國中央政府掌控。

資料來源：作者整理，並參考Scottish Government (2009a: 16)；Scottish Government 2010: 12-13）

　　「最大化權力下放」與「加強權力下放」的主張，雖未能納入公投選項，但根據民調顯示，這兩種權力下放的模式，皆受到選民的高度喜好。一方面，根據Ipsos MORI 於2012年1月所做的民調，「最大化權力下放」為多數民眾的最優選擇，有59%的民眾支持將「最大化權力下放」納入公投選項，而37%的民眾認為維持獨立與否的單一問題（Ipsos MORI, 2012a）。此外，根據這項調查，贊成獨立者中約有九成亦贊成「最大化權力下放」。

　　就政黨屬性而言，蘇格蘭民族黨支持者贊成「最大化權力下放」的比率為89%，工黨支持者贊成「最大化權力下放」的比率為59%，自由民主黨支持者贊成「最大化權力下放」的比率為62%（Ibid.）。根據蘇格蘭Ipsos MORI的研究主任狄夫利（Mark Diffley）分析，「最大化權力下放」代表目前多數蘇格蘭人的立場。他指出：「支持獨立者並非多數，民眾希望比現在更多的權力下放，並能在公投中獲得表達這種看法的機會」（Ibid.）。

　　另一方面，Ipsos MORI 於2012年6月的民調，發現「加強權力下放」的支持比率，超過贊成獨立或維持現狀的比率。民調顯示，約四成民眾贊成「加強權力下放」，27%的民眾贊成獨立，29%的民眾則希望維持現狀（Ipsos MORI，2012b）。

　　此外，公投問題的措辭方面，卡麥隆政府希望維持「蘇格蘭應否成為一個獨立的國家？」（Should Scotland be an independent country？）此一問題，並反對蘇格蘭政府提出的公投問題：「你是否同意蘇格蘭應成為一個獨立的國家？」（Do you agree that Scotland should be an independent country？）。卡麥隆政府認為，公投問題中的「同意」字眼，可能引導選民贊成蘇格蘭成為一個獨立的國家，因此主張維持較為簡單直接的問題。2013年英國選舉委員會（The Electoral Commission）認為，蘇格蘭政府提

出的使用「同意」字眼的公投問題並不中立，故建議維持一個措詞較爲簡單的問題，例如「蘇格蘭應否成爲一個獨立的國家？」（Should Scotland be an independent country？）（The Electoral Commission: 2013:1）。因此，公投問題最後維持卡麥隆政府的偏好，亦即「蘇格蘭應否成爲一個獨立的國家？」此一措辭較爲簡潔的問題。

　　經過談判協商後，卡麥隆政府與蘇格蘭政府相互妥協。2012年10月15日，英國政府與蘇格蘭政府達成「愛丁堡協議」（Edinburgh Agreement），決定同意蘇格蘭進行獨立公投。卡麥隆政府不再堅持公投須於18個月內舉行，並同意16歲和17歲青年的投票權。蘇格蘭政府則放棄將「最大化權力下放」納入公投問題，同意僅就「蘇格蘭應否成爲一個獨立國家」此一問題，進行公投。公投問題的措辭，則維持卡麥隆政府的偏好。英國政府與蘇格蘭政府的公投協商偏好與結果，請參閱表2-5。

　　根據蘇格蘭與英國中央政府協商的結果，獨立公投將於2014年9月18日舉行。此次公投的選民資格，包括16歲以上居住於蘇格蘭的英國居民、歐盟公民、以及合資格國協公民。就選舉方式而言，2014年的蘇格蘭獨

表2-5　英國政府與蘇格蘭政府的公投協商偏好與結果

	英國政府	蘇格蘭政府	協商結果
公投時間	18個月內儘速舉行公投	2014年秋天舉行公投	蘇格蘭政府獲勝
投票年齡	維持目前的18歲	降低至16歲	蘇格蘭政府獲勝
公投問題數目	僅就蘇格蘭應否獨立一個問題進行公投。	除了蘇格蘭應否獨立這個問題外，再加上是否贊成「最大化權力下放」的第二個公投問題。	卡麥隆政府獲勝
公投問題措辭	「蘇格蘭應否成為一個獨立的國家？」	「你是否同意蘇格蘭應成為一獨立的國家？」	卡麥隆政府獲勝

資料來源：作者整理

立公投採行簡單多數決，只要贊成或反對獨立的一方獲得超過50%的選票即可獲勝（The Electoral Commission: 2014）。相較於1979年蘇格蘭獨立公投設有40%的投票率門檻，2014年的蘇格蘭獨立公投，則未設有投票率門檻。由於「愛丁堡協議」的協商過程中，蘇格蘭政府與英國中央政府達成共識，希望公投能夠公平進行，並產生代表蘇格蘭人民意見且被尊重的決定性結果（Scottish Parliament, 2013: 7）。因此，2014年蘇格蘭獨立公投並未設有投票率門檻或採超級多數制，其目的即為希望落實「愛丁堡協議」中關於公平選舉的共識。

蘇格蘭政府表示，英國和歐洲國家的公投，大多數未設下最低投票率與異常多數得票率的門檻，蘇格蘭公投亦無例外。一方面，英國多數公投，皆採簡單多數決，且未設最低投票率門檻，包括英國1975年的歐洲經濟共同體公投、1997年蘇格蘭及威爾斯地方分權公投、1998年大倫敦政府公投、1998北愛爾蘭貝爾發斯特協議公投、以及2004年東北英格蘭地區議會公投。

另一方面，蘇格蘭政府指出，根據歐洲法治民主委員會（The European Commission for Democracy through Law）2005 年出版的報告「歐洲的公投：歐洲國家法規分析」（Referendums in Europe—An Analysis of the Legal Rules in European States），大部分歐洲國家的公投未就投票率或得票率設門檻（Scottish Parliament: 2013: 8；The European Commission for Democracy through Law: 2005）。歐洲法治民主委員會2006年出版的「有效公投規程」（Code of Good Practice for Referendums），亦不建議公投設下最低投票率與異常多數得票率的門檻（The European Commission for Democracy through Law: 2006）。蘇格蘭政府因此主張，蘇格蘭獨立公投不需設下投票率與異常多數得票率的門檻。

薩蒙德對「愛丁堡協議」大表讚賞，認為這個協議將使蘇格蘭做出幾

百年來最重要的政治決定。他強調：「今天對蘇格蘭而言，是歷史性的一天，同時也是蘇格蘭自治旅程的一大步」（Black, 2012b）。蘇格蘭工黨領袖拉蒙特（Johann Lamont），對「愛丁堡協議」亦表示贊同，她認為「薩蒙德有權提出這個問題，而現在蘇格蘭人民有權回答它」。但拉蒙特亦提出批評，認為蘇格蘭不能讓公投轉移焦點，迴避蘇格蘭目前面臨的真正問題，而有些問題是蘇格蘭民族黨現在就可處理的」（Ibid.）。

卡麥隆政府做出這項可能影響英國國家完整性的重要決策，其主要原因有三。

首先，經過新工黨政府推動的權力下放，蘇格蘭已成立了蘇格蘭議會及政府，雖然英國保守黨長期以來對權力下放表示反對，但卡麥隆政府面對的地方分權新局，其政治籌碼已不如以往。面對蘇格蘭的公投要求，卡麥隆政府陷入進退維谷的兩難，倘若否決公投要求恐將引發更多的反彈和自治要求，而一旦同意進行公投，則恐使英國陷入分裂的危機。面對蘇格蘭民族黨提出的公投議題，卡麥隆政府一開始即表示反對，但與蘇格蘭民族黨協商後，最後只能被動接受並同意公投。

其次，迴異於先前保守黨政府對英國地方分權的反對態度，首相卡麥隆對蘇格蘭地區的自治要求，採取尊重的開放態度。首相卡麥隆希望透過民主的公投程序，讓長期懸而未決的蘇格蘭自治爭議，獲得一個清楚果斷的決議。2012年「愛丁堡協議」簽訂後，首相卡麥隆強調其與蘇格蘭達成這項協議的主要動機。他表示：「我一向想向蘇格蘭人民表達尊敬——他們投票支持一個想要舉行公投的政黨，而我讓這個公投得以推動，並確保這個公投是決定性、合法、公平的」（BBC News, 2012）。保守黨黨內則出現批評聲浪，認為卡麥隆不應對蘇格蘭民族主義者的要求低頭。不過，卡麥隆依然強調同意蘇格蘭獨立公投的民主動機。他表示：「你不能維繫聯合王國，卻又違反這個國家人民的意願」（Carrell and Watt, 2012）。

其三，根據當時的民調顯示，約僅有三成的受訪者贊成獨立，公投獨立的可能性不高。根據英國獨立電視台（Independent Television, ITV）於「愛丁堡協議」簽訂後所做的民調，僅有34%的蘇格民眾贊成獨立，而有55%的蘇格蘭人反對獨立（ITV News, 2012）。卡麥隆政府的政治盤算為，倘若蘇格蘭近期內舉行獨立公投，獨立公投將會失敗。因此，卡麥隆政府希望儘速舉行公投，並希望蘇格蘭民族黨提出的公投要求於公投失利後遭到挫敗，以快速解決蘇格蘭長期以來要求獨立的壓力。「愛丁堡協議」後，卡麥隆對蘇格蘭政府計畫2014年秋天舉行公投的時間表做出妥協，但卡麥隆仍然顯得沒有耐心，並表示希望公投「可以明天舉行」（Torrance, 2013: 288）。卡麥隆政府同意蘇格蘭進行公投的同時，已有公投不易通過的政治算計。但經過贊成獨立陣營的活動宣傳及影響，公投仍有可能出現使英國就此分裂的結果。

然而，根據學者闊楚普（Matt Qvortrup）的研究，近代的獨立公投具有相當高的通過比率。闊楚普指出，1861至2011年間，全世界共有49個獨立公投。這些獨立公投中，贊成獨立的得票率平均值為83%，而投票率的平均值為79%（Qvortrup, 2014: 5）。若將這些公投進一步限縮分析，二戰後在民主國家舉行的獨立公投中，贊成獨立的得票率平均值則為62%（Ibid.）。根據闊楚普的統計，1945至2011年全世界分離公投的選輯與相關資料，請參閱表2-6。

卡麥隆政府尊重並同意蘇格蘭的公投要求，但卡麥隆反對蘇格蘭脫離英國獨立，希望蘇格蘭續留英國，反映出卡麥隆政府對蘇格蘭獨立公投的矛盾與無奈。舉例而言，2012年首相卡麥隆與格蘭達成「愛丁堡協議」後，隨即清楚表示他希望蘇格蘭續留英國的政策立場：「我熱切相信蘇格蘭留在英國，蘇格蘭會更好。而更重要的是，英國和蘇格蘭一起，英國會更好」（BBC News, 2012）。

表2-6　1945-2011全世界分離公投選輯

國家	分離領土或人民	年份	贊成票（%）	投票率（%）
丹麥	冰島	1944	99.5	98
中國	蒙古	1945	98	64
丹麥	法羅群島	1946	50.1	64
法國	柬埔寨	1955	100	–
英國	馬爾他	1956	75	59
法國	幾內亞	1958	97	85
法國	阿爾及利亞	1958	96	79
西印度群島聯邦	牙買加	1961	46	60
英國	馬爾他	1964	50.7	80
加拿大	魁北克	1980	59	85
南斯拉夫	斯洛維尼亞	1990	94	93
美國	帛琉	1990	60.8	–
蘇聯	立陶宛	1991	91	84
南斯拉夫	克羅埃西亞	1991	98	83
克羅埃西亞	塞爾維亞人	1991	98	83
南斯拉夫	馬其頓	1991	70	75
塞爾維亞	科索沃	1991	99	87
伊索比亞	厄利垂亞	1993	99	98
波士尼亞	塞爾維亞人	1993	96	92
印尼	東帝汶	1999	78.5	94
紐西蘭	托克勞	2006	60.0	95
南斯拉夫	蒙特內哥羅	2006	55.5	36
蘇丹	南蘇丹	2011	98.8	98

資料來源：Qvortrup (2014: 5)

　　卡麥隆政府的公投政策，引起諸多批評。首先，批評者認為卡麥隆政府未能就英國的地方自治爭議，主動思考並提出建設性的整體解決之道，

而僅能就蘇格蘭提出的地方自治要求，做出被動的政策回應。一如學者康弗立（Alan Convery）指出，卡麥隆政府的蘇格蘭地方分權政策，僅是被動回應蘇格蘭的獨立要求，而未通盤思考英國的未來，例如是否有獨立及維持現狀之外的其他選項（Convery, 2013: 9）。

舉例而言，公投議題協商過程中，除了獨立和維持現狀之外，亦出現許多自治選項，包括蘇格蘭民族黨提出的「最大化權力下放」（Devo-Max），或是自由民主黨、工黨、保守黨部分人士提出的「加強權力下放」（Devo-Plus）。然而，卡麥隆政府對這些選項，缺乏深入討論的意願（Ibid., 2013: 9）。學者康弗立亦認為，卡麥隆的地方政策，僅著眼於增進地方政府公共服務的地方主義（localism），而忽略英國地方自治引發的國家領土問題（Ibid.）。

其次，批評者指出，卡麥隆政府的公投政策犯下嚴重失誤（Rachman, 2014: 27）。公投議題協商過程中，蘇格蘭民族黨最早提出的政策方案，並非獨立或維持現況，而是主張進一步權力下放的「最大化權力下放」。根據當時的民調，這個選項擁有最多的民意支持（Ibid.）。然而，首相卡麥隆卻反對將「最大化權力下放」納入公投選項。卡麥隆的考量，在於維持贊成或獨立的兩個選擇較為簡潔，並易於產生對英國有利的決定性勝利。英國政府相信，能夠迫使薩蒙德放棄將更多的權力下放納入公投另一選項，是英國政府協商策略成功的體現（Carrell and Watt, 2012）。

然而，這項決策出現兩項局限。一方面，卡麥隆的公投決策犧牲了贊成獨立或續留英國之外的其他選擇並引起批評。例如，蘇格蘭志願組織協會執行長賽姆（Martin Sime）對蘇格蘭獨立公投造成的有限選擇提出質疑。賽姆認為，蘇格蘭民眾應有公投之外的更多選擇，因為「大部分的民眾想要獨立之外的更多權力，但公投將使他們無法就想要的改變進行投票」（Ibid.）。

　　另一方面，卡麥隆公投決策的政治計算有其風險。雖然卡麥隆政府與蘇格蘭進行公投議題協商時，反對獨立的民意爲多數，但之後的民調顯示，贊成獨立的民意有所增加。倘若公投結果出現贊成獨立者爲多數的情況，英國將就此分裂。卡麥隆的公投決策，希望迫使選民做出贊成或反對獨立的有限選擇下，產生對英國有利的結果。但是，在贊成或反對獨立的有限選擇下，仍有可能出現不利於英國的選擇。然而，倘若公投結果出現贊成獨立者爲多數，卡麥隆公投決策的政治計算，反倒變成一種政策失算。

　　其三，公投政策協商過程中，卡麥隆政府沒有堅持讓居住於英格蘭的蘇格蘭民眾擁有投票權，爲另一項嚴重失誤（Rachman, 2014: 27）。蘇格蘭的獨立公投選舉，投票人的資格爲年滿16歲居住於蘇格蘭的民眾。因此，出生於蘇格蘭但現居英國的蘇格蘭人，則無法享有投票權。根據統計，蘇格蘭獨立公投選舉中，約有8萬名居住在英國蘇格蘭以外其他地方的蘇格蘭人，包括：753,286名出生在蘇格蘭但居住在英格蘭的蘇格蘭人、22,533名出生在蘇格蘭但居住在威爾斯的蘇格蘭人，以及14,965名出生在蘇格蘭但居住在北愛爾蘭的蘇格蘭人，皆無法享有投票權（Black, 2013）。由於這些選民傾向於支持英國團結，這些選民未能擁有投票權，對英國而言，將失去支持蘇格蘭續留英國的部分選票基礎。

　　最後，批評者擔憂倘若公投結果支持蘇格蘭獨立者爲多數，擁有三百多年歷史的聯合王國將面臨分裂。卡麥隆的公投政策，將成爲國家分裂的一場豪賭。此外，倘若蘇格蘭從英國獨立出去，英國的威爾斯及北愛爾蘭地區是否會起而仿效，對英國的國家完整性恐產生後續衝擊。首相卡麥隆亦恐將成爲英國分裂的歷史罪人或英國的末代首相。針對批評者的質疑，卡麥隆強調其公投政策的信念：「身爲首相，我相信推動公投是件正確的事情，但這場公投是關於蘇格蘭續留或離開英國。這場公投並非關於我的

個人前途，而是關於蘇格蘭的未來」（BBC News, 2014f）。卡麥隆的公投政策，出於一種充滿風險與不確定性的政治算計，因此被批評者視為思慮欠周。

第四節　結語

然而，2014年的蘇格蘭獨立公投，為當代民主國家中少數出現的獨立公投。蘇格蘭與英國透過協商，取得民主、合法、公平的公投權利。一如學者梅爾丁（David Melding）指出，蘇格蘭公投將成為1988年加拿大最高法院否定魁北克公投獨立的合憲性之後，最關鍵的獨立建國決定，並將成為「世界憲政主義的里程碑」（Melding, 2013: 1）。根據學者闊楚普的研究，二戰後出現的獨立公投，大多數出現在缺少自由和公平選舉的民主後進國家（Qvortrup, 2013: 5）。此外，二戰後的獨立公投中，很少國家欣然接受公投的結果，例如蘇聯不願接受拉脫維亞、立陶宛、愛沙尼亞三國獨立，丹麥拒絕接受法羅群島獨立公投的結果，加拿大最高法院對魁北克獨立做出違憲解釋，美國拉阿斯加最高法院宣布分離主義違法等（Qvortrup, 2013: 5-6）。因此，英國願意與蘇格蘭進行協商，並同意其取得民主、合法、公平的公投，突顯英國民主制度的可貴之處。

承上所論，雖然二戰後的獨立公投的結果大多未被接受，但隨著民族自決和民主化的發展，獨立公投仍為世界上許多國家尋求自治時，受到歡迎的一種重要方式。不過，公投並非解決獨立問題的萬靈丹。公投僅為達到民主的一種手段，而非目的。這種手段，如水能載舟、亦能覆舟，公投亦可能激化民族自決的問題，並淪為有心人士獲取權力與利益的工具。舉例而言，學者金迪（Roger Mac Ginty）認為：「嚴重族群衝突地區的公投，其主要問題在於公投是造成贏家及輸家的零和賽局。簡單多數決的制

度，對複雜衝突的處理助益有限。相反地，公投承認一方而否定他方，公投通常只會使分裂，更加分裂」（Ginty, 2003: 3）。學者闊楚普亦指出，公投「通常是一個機會工具，而非民主原則的理想機制」（Qvortrup, 2012a: 6）。因此，倘若贊成及反對獨立的雙方缺乏民主素養，透過獨立公投尋求民主，無異於緣木求魚。

對於許多國家而言，地方分離主義紛紛透過獨立公投的民主手段，尋求民族自決。民族自決對於當代國家的民主而言，形成了弔詭的挑戰。一方面，民主國家倘若否決民族自決的要求，有違民主精神。但另一方面，倘若民主國家同意民族自決的要求，以滿足地方方離主義的獨立主張，一如此次的蘇格蘭獨立公投，恐將終使國家面臨分裂。誠如英國法學家緬因（Sir Henry James Sumner Maine）所言：「民族訴求已使民主國家為之癱瘓」（Maine, 1897: 88）。

然而，民族自決與民主並非對立，相反地，兩者相輔相成，相生而非相剋。英國歷史學家卡爾（E. H. Carr）嘗言：「民族自決與民主攜手並進。民族自決在民主觀念上的確可能顯得含蓄。如果每個人擁有所屬政治體事務的商議權，他便擁有所屬政治體的形式及延伸的相同商議權」（Carr, 1942: 39）。倘若贊成與獨立的兩方，皆擁有對民族自決的尊重、共識、及民主精神時，公投的結果才會是民主的結果。

以蘇格蘭獨立公投為例，蘇格蘭與英國透過協商，達成獨立公投的共識。贊成與反對雙方，皆對民主價值和民族自決的精神充分理解及尊重。蘇格蘭獨立公投的結果，有可能出現蘇格蘭的建國夢想失利，獨立公投成了一場「末代公投」（Neverendum），抑或享有三百多年歷史的聯合王國，就此分裂成了「分裂王國」（Dis-United Kingdom）。不論結果如何，就公投本身而言，皆是一場民主的勝利。

第三章
蘇格蘭獨立公投的十字路口

2012年蘇格蘭與英國中央政府達成「愛丁堡協議」，決議由蘇格蘭人就蘇格蘭是否應成為一個獨立的國家進行公投。蘇格蘭獨立公投使蘇格蘭以及英國，走到了國家前途的十字路口。公投的選擇限縮於贊成及反對獨立兩個選項，因此引起獨立派與聯盟派涇渭分明的熱烈辯論。本章分為兩節，第一節從政治團體、民意、媒體的角度，探討獨立公投中的贊成派與反對派所引起的討論。第二節以蘇格蘭獨立白皮書為基礎，分析蘇格蘭獨立公投運動中，蘇格蘭政府提出的重要政策，及其引發的辯論。

第一節　獨立公投的兩個選擇

2012年蘇格蘭與英國，積極展開獨立公投的政策宣傳與相關活動。包括政治團體、民意、及媒體，紛紛出現贊成與反對的兩個陣營，以下分別加以討論：

一、兩大陣營：贊成與反對

贊成與反對蘇格蘭獨立的兩大陣營，分別組成「贊成蘇格蘭」（Yes Scotland）以及「續留英國」（Better Together）兩個團體，展開對蘇格蘭獨立的政策辯論與宣傳活動。「贊成蘇格蘭」與「續留英國」這兩個團體並非官方組織，但分別與蘇格蘭政府及英國中央政府站在同一陣線，並維持緊密的合作關係。「贊成蘇格蘭」與「續留英國」分別引用蘇格蘭政府

和英國中央政府的官方出版文件，並致力於宣傳蘇格蘭政府和英國中央政府的相關政策主張。「贊成蘇格蘭」與「續留英國」維持其非官方角色的目的，在於希望吸納理念相同的政黨、社會團體、與一般民眾，以擴大支持或反對蘇格蘭獨立的活動參與及宣傳影響力。

「贊成蘇格蘭」的團體，於2012年5月12發起。該團體希望透過宣傳，促使選民於公投中投下贊成票，使蘇格蘭成為一個獨立的國家。「贊成蘇格蘭」的主要支持者，包括蘇格蘭民族黨及蘇格蘭綠黨成員，並由蘇格蘭媒體人簡金斯（Blair Jenkins）擔任執行長。「續留英國」則於2012年6月25日成立，主要成員來自三個聯盟派的政黨，包括蘇格蘭保守黨、蘇格蘭工黨、蘇格蘭自由民主黨。「續留英國」由英國前財政部長達林（Alistair Darling）擔任活動主席（Chairman），該團體呼籲選民於公投投下反對票，選擇讓蘇格蘭繼續留在英國。

2013年11月26日蘇格蘭首席大臣薩蒙德（Alex Salmond）與副首席大臣史特金（Nicola Sturgeon）共同公布蘇格蘭獨立白皮書，這份名為《蘇格蘭的未來：獨立蘇格蘭指南》（*Scotland's Future: Your Guide to an Independent Scotland*）的政策白皮書，內容長達670頁，詳細擘畫了蘇格蘭獨立後的藍圖，成為蘇格蘭獨立的指標性官方文件。蘇格蘭副首席大臣史特金指出：「獨立蘇格蘭指南是史上包含最廣、最仔細的獨立藍圖，不只為蘇格蘭設計，更適用於任何盼望獨立的國家」（BBC News，2013b）。蘇格蘭獨立白皮書出版後，便成為蘇格蘭獨立公投辯論的主要依據。

《蘇格蘭的未來：獨立蘇格蘭指南》（以下簡稱：蘇格蘭獨立白皮書）的內容清楚揭示蘇格蘭獨立的願景計畫，並針對獨立政策引起的各界疑問，提出解答。蘇格蘭獨立白皮書中提出蘇格蘭獨立的三大原則，包括民主、繁榮、公平（Scottish Government, 2013a：3）。申言之，獨立公投通過後，蘇格蘭人民能夠透過民選政府，掌握蘇格蘭的資源並做出獨立的

經濟決定，以及善用福利利澤社會（Ibid.）。基於上述三大原則，蘇格蘭獨立白皮書分別就十個重要面向，詳細說明獨立後的國家規畫。這10個面向包括：「獨立的理由」、「蘇格蘭財政」、「財政與經濟」、「健康、福利與社會保障」、「教育、技能與就業」、「國際關係與國防」、「司法、安全與內政」、「環境、鄉村蘇格蘭、能源與資源」、「文化、傳播與數位化」，以及「現代民主的建立」（Scottish Government, 2013a）。蘇格蘭獨立白皮書的內容範圍廣泛，針對蘇格蘭獨立後的政治體制與政策發展，皆有詳細的設計和討論。

　　蘇格蘭獨立白皮書之外，蘇格蘭政府亦針對獨立後的憲政體制，於2014年6月提出「蘇格蘭獨立法案」（Scottish Independence Bill）草案。蘇格蘭獨立白皮書中提到，獨立後首屆蘇格蘭議會的一項重要責任，即為準備制訂一部成文憲法。「蘇格蘭獨立法案」草案，為後續的制憲工作提供了重要基礎。「蘇格蘭獨立法案」草案中，主權在民被視為蘇格蘭獨立後的重要基石。「蘇格蘭獨立法案」草案的前言中，蘇格蘭副首席大臣斯特金強調：「這份法案的基本原則，是蘇格蘭的主權在民」（Scottish Independence Bill, 2014）。學者基庭（Michael Keating）指出：「蘇格蘭獨立法案」草案中最重要的條款，在於未來蘇格蘭的憲法，將由蘇格蘭人民而非政治人物所制定（BBC News, 2014k）。

　　「蘇格蘭獨立法案」草案的主要目的，在於提供蘇格蘭獨立後的過渡憲法，以及制定未來憲法的基礎（Ibid., 1）。「蘇格蘭獨立法案」草案的內容，包括獨立、主權、過渡憲法、國家、國家元首、行政、立法、司法、文官、地方政府、公民、國際關係、撤除核武、歐洲、基本權利、孩童、島嶼社區、環境保護、永久憲法等重要議題（Ibid.）。「蘇格蘭獨立法案」草案，並針對上述議題的立法精神與緣由，提出說明及解釋。

　　相對於蘇格蘭獨立白皮書中，蘇格蘭政府對獨立後的樂觀與自信，

「續留英國」組織針對蘇格蘭政府提出的獨立後國家願景與政策主張，加以反駁。「續留英國」組織強調，蘇格蘭續留英國對蘇格蘭和英國較為有利，其理由主要有三。

首先，倘若蘇格蘭留在英國，能夠分享並共創英國的優勢，包括國際地位與國內資源。透過與英國的合作，蘇格蘭得以獲得最好的發展。因此，續留英國對蘇格蘭和英國而言，都是一個互利雙贏的有利選擇（Better Together, 2014a）。

此外，「續留英國」認為蘇格蘭獨立公投的時間過於匆促，僅有五百多天的時間構思如何建立一個國家，支持蘇格蘭獨立者，未能對獨立建國後的重大議題提供詳細答案，例如貨幣、國債、軍隊等。獨立後的蘇格蘭及英國將充滿變數與不確定性，因此，蘇格蘭獨立公投是一場不值得的博弈（*Ibid.*）。

再者，「續留英國」組織亦指出，聯合王國自1707年成立至今，蘇格蘭與英國共同創造了這個國家的歷史，彼此的關係休戚與共。「續留英國」主席達林表示：「不論戰爭或承平時期，我們一起締造了許多成果。我們一起見證帝國的創造與裂解，我們一起對抗法西斯主義，我們一起打造這個福利國家，英國廣播公司及英格蘭銀行由蘇格蘭人所創，國家健保服務由威爾斯人所創，福利國由英格蘭人所創。如果我們不是一起攜手同行的聯合王國，我們不會達到目前的一半成果」（Darling, 2012: 4）。達林訴諸聯合王國的歷史與愛國情感，強調蘇格蘭與王國成員同甘共苦的經歷，希望打動蘇格蘭民眾，使蘇格蘭選擇繼續留在英國。

「續留英國」組織，一方面針對蘇格蘭提出的獨立後政策指出其政策缺點，並突顯續留英國的優點。舉例而言，反對蘇格蘭獨立的「續留英國」主席達林對於蘇格蘭獨立白皮書提出批評，達林指出：「蘇格蘭想要脫離英國卻仍保留英國國籍的好處，這是一種幻想。蘇格蘭獨立白

皮書是一部小說，它充滿虛假的承諾和毫無意義的主張」（The Guardian, 2013）。另一方面，「續留英國」組織不斷強調蘇格蘭獨立後的負面衝擊與嚴重後果，例如：獨立後「每一位英國人將變得更貧窮」，以及「不管成本會是多少，獨立後將沒有回頭路」（Ibid.）。

「贊成蘇格蘭」與「續留英國」組織的活動，皆面臨宣傳策略的兩難之處。一方面，兩方陣營分別希望聚焦於獨立或維持現狀的好處，並針對對方陣營的主張以正面觀點加以反駁，以維持正向的宣傳形象。舉例而言，蘇格蘭政府首席大臣薩蒙德強調，「贊成蘇格蘭」陣營的宣傳活動是「正面、使人振奮、以及充滿希望，並應永遠保持下去」（Carrell, 2014a）。「續留英國」陣營亦希望保持正面的宣傳策略，但同時亦強調獨立後的風險。「續留英國」主席達林表示：「支持英國者有一個義務，亦即對蘇格蘭續留英國提出正面、有操守的理由」（Darling, 2013: 3）。達林強調，「續留英國」的主張並非否定蘇格蘭。他解釋：「我們並不主張蘇格蘭無法成為一個獨立的國家。當然蘇格蘭可能。但我們關切的焦點是，何者將我們團結在一起，而何者非將我們分裂」（Darling, 2012: 3）。「續留英國」活動總監麥克杜格爾（Blair McDougall）亦指出，「蘇格蘭續留英國，存在著一個非常有力、正面的理由」，而「我們要提出續留英國的正面理由，但也有義務強調蘇格蘭獨立的風險」（Macnab, 2014a）。

另一方面，兩個陣營在宣傳過程中，難免聚焦於批判對手，使宣傳淪為相互攻擊及謾罵，予人負面的感受。民調顯示，兩大陣營的宣傳手法，皆引起民眾的負面觀感。根據2014年《前鋒報》的一份調查，53%的蘇格蘭民眾認為，「續留英國」的活動是負面的；29%的蘇格蘭民眾則認為，「贊成蘇格蘭」的宣傳活動是負面的（McAngus, 2014）。

宣傳活動的負面化，亦引起兩大陣營甚至是陣營內部的相互批評。特

別是「續留英國」陣營，引起較多的活動負面化質疑。「贊成蘇格蘭」陣營對「續留英國」組織的負面宣傳，屢屢表示不滿。「贊成蘇格蘭」質疑「續留英國」的主要策略，即為強調獨立後的負面後果，使選民感到恐懼而投下反對票，成了所謂的「恐懼計畫」（Project Fear）（Yes Scotland, 2013）。蘇格蘭政府首席大臣薩蒙德則認為，「續留英國」是「現代政治歷史上最悲哀、負面、令人沮喪，以及徹底無趣的宣傳活動」（Salmond, 2014）。蘇格蘭民族黨亦提出批評，指責宣傳活動中英國首相卡麥隆（David Cameron）聚焦於「完全負面的攻擊」（BBC News, 2014a）。學者基庭亦主張，「續留英國」大體上聚焦於負面的事務（Keating, 2014: 19）。

同樣地，「贊成蘇格蘭」陣營方面，亦出現危言聳聽的宣傳方式，例如：暗示獨立不成，蘇格蘭不僅無法獲得更多的權力，現有的權力恐亦不保（Torrance, 2013: 271）。蘇格蘭政府健康暨福利部首席大臣尼爾（Alex Neil），亦批評「續留英國」的宣傳標語「在一起比較好」（Better Together），實際上是「一起更窮」，「更多人一起被迫依靠救濟糧食」，「一起失業」，「一起負債」，以及「一起承受更多不想要的戰爭」（Neil, 2012）。面對宣傳活動的負面化質疑，「續留英國」陣營的蘇格蘭自由民主黨領袖瑞倪（Willie Rennie）提出建議，希望「續留英國」能夠採取正面的「陽光策略」（Sunshine Strategy），強調英國此一聯合王國的正面好處（Macnab, 2014），化針鋒相對為君子之爭。

贊成與反對獨立的兩大陣營，皆表示支持正面的宣傳活動。然而，兩大陣營相互較勁的過程中，就事論事的評論和負面批評，兩者之間的界限實難以拿捏。兩大陣營相互辯論的過程中，不免出現情緒性的謾罵或人身攻擊。特別是蘇格蘭與英國之間，存在長期的國家與民族糾葛，獨立公投的政策辯論，因而易於激化成一種民族主義甚至種族主義的戰役。英國

作家羅琳（J. K. Rowling）對蘇格蘭公投亦表達其擔憂，憂心獨立公投在民族主義的情緒煽動下，演變成族群對立與攻擊。羅琳捐款100萬英鎊給「續留英國」組織表示支持，並指出「有一群極端民族主義者，喜歡將任何不盲目且不毫無疑問支持獨立的人妖魔化」，而「當人們將辯論導向血統的純淨，他們就變成了「食死徒」（Rowling, 2014）。[1]

贊成與反對獨立的兩大陣營，皆出現支持者遭到人身攻擊或威脅的情事。面對負面的相互攻擊，蘇格蘭政府前首席大臣麥康諾（Lord Mc-Connell）呼籲，「贊成蘇格蘭」及「續留英國」雙方應達成「成長協議」（grown-up pact），進行一場「正面而令人尊敬」的君子之爭，並避免「人身攻擊與威脅」（Barnes, 2014）。麥康諾並呼籲：「所有政黨、政治、公民領袖對未來都有責任。我們不應將國家分裂到需要經年累月方能修復的地步」（Ibid.）。隨著獨立公投運動的白熱化，贊成與反對獨立的兩大陣營，皆面臨如何維持正面宣傳，並避免淪為負面攻擊的困難。

二、獨立公投與民調

就民眾的看法而言，英國民眾對蘇格蘭公投的議題，亦分為贊成與反對的兩大陣營。蘇格蘭與英國於2012年達成「愛丁堡協議」以來，根據多數的民調結果，反對蘇格蘭獨立者始終多於贊成蘇格蘭獨立者。根據英國權威民調機構，包括YouGov、ICM、Ipsos MORI、TNS BMRB、Survation、Panelbase等，英國自2014年2月至7月的蘇格蘭獨立公投民調結果，大致呈現相似且穩定的趨勢。針對「蘇格蘭是否應成為獨立國家」此一問題，反對蘇格蘭獨立的民眾皆超過贊成蘇格蘭獨立的民眾（BBC News, 2014n）。

1　英國作家羅琳於其著名奇幻小說《哈利波特》中，創造出「食死徒」（Death Eaters）的角色。食死徒為佛地魔的黨羽，他們為一群重視血統純淨的巫師。

根據上述民調機構所做的調查，贊成蘇格蘭獨立的民眾約占四成至五成，反對蘇格蘭獨立的民眾則維持在三成至四成，另有一成至兩成的民眾對此議題表示不知道（*Ibid.*）。舉例而言，YouGov於2014年2月至7月的民調顯示，反對蘇格蘭獨立的民眾比率維持在51%至53%，贊成蘇格蘭獨立的民眾比率則約33%至37%。ICM於2014年2月至7月的民調顯示，反對蘇格蘭獨立的民眾比率約為42%至49%，贊成蘇格蘭獨立的民眾比率則維持在34%至39%。Ipsos MORI於2014年2月至7月的民調，亦顯示類似趨勢，反對蘇格蘭獨立的民眾比率維持在54%至57%，而贊成蘇格蘭獨立的民眾比率約為32%至36%（*Ibid.*）。

依據上述的民調，贊成與反對蘇格蘭獨立的民意差距最小者，出現在ICM 2014年4月份的民調。當時反對蘇格蘭獨立者占42%，贊成蘇格蘭獨立者占39%（*Ibid.*），反對與贊成的民意僅差距3個百分點。贊成與反對蘇格蘭獨立的民意差距最大者，出現在Ipsos MORI 2014年2月份的民調。當時反對蘇格蘭獨立者占57%，贊成蘇格蘭獨立者占32%（*Ibid.*），反對與贊成的民意差距達25個百分點。

上述的民調顯示，反對蘇格蘭獨立的民意最高點，出現在Ipsos MORI於2014年2月份的民調，當時反對蘇格蘭獨立者占57%。贊成蘇格蘭獨立的民意最高點，則為39%，包括ICM 2014年3月及4月份的民調，以及Survation 2014年3月及6月份的民調，皆出現相同的民調結果（*Ibid.*）。上述民調機構的調查結果，請參閱表3-1。

三、獨立公投與媒體

就媒體層面而言，亦呈現贊成與反對蘇格蘭獨立兩種聲音，彼此針鋒相對。較特別的是英國媒體報導蘇格蘭獨立公投此一議題時，出現對公正及平衡報導的不少質疑。英國媒體的歷史悠久，發展蓬勃，英國媒體並

表3-1　2014年蘇格蘭獨立公投民調結果

民調機構	反對蘇格蘭獨立	贊成蘇格蘭獨立
ICM	42%-49%	34%-39%
Survation	44%-52%	32%-39%
TNS BMRB	41%-42%	29%-30%
YouGov	51%-53%	34%-37%
Ipsos MORI	54%-57%	32%-36%
Panelbase	47%-49%	37%-40%

資料來源：BBC News (2014n)
註：表3-1的民調問題為，「蘇格蘭是否應成為獨立國家」。民調的調查時間，除了TNS BMRB以及
　　Panelbase為2014年2月至5月之外，YouGov、ICM、Ipsos MORI與Survation三家機構的調查時間，
　　皆為2014年2月至6月。BBC News彙整YouGov、ICM、Ipsos MORI、TNS BMRB、Survation、以及
　　Panelbase五家英國民調機構的民調結果，本文根據這些民調結果，重新整理並製表如上。

於工業革命期間，與國王、議會、教會的權力相提並論，享有「第四權」
（The Forth Estate）的美譽，英國的媒體發展出成熟的媒體獨立性與自主
性。

　　然而，高度的新聞自由與獨立，卻使英國媒體的中立性，呈現兩極化
的特殊發展。一方面，媒體不受政府或利益團體等方面的壓力，得以客觀
中立地報導新聞，例如：英國廣播公司（British Broadcasting Corporation,
BBC）。另一方面，傳統上英國的平面媒體各有其特定的政治立場及偏
好，或隨著政經情勢的改變調整其政治立場。英國的部分平面媒體，不時
對重要的政經議題公開背書，對英國政治的運作具有重要影響力。

　　英國的平面媒體可分為大報（Broadsheet）與小報（Tabloid），前者
為報導較嚴謹、權威性較強的對開報紙，後者為報導通俗新聞、內容較輕
鬆的四開報紙。就政治立場而言，政黨立場偏右的報紙，包括英國大報
《泰晤士報》（*The Times*）、《星期日泰晤士報》（*The Sunday Times*）、
以及《每日電訊報》（*The Daily Telegraph*）。政黨立場偏左的報紙，包括

英國大報《衛報》（*The Guardian*）與《獨立報》（*The Independent*）、以及英國小報《每日鏡報》（*Daily Mirror*）。《太陽報》（*The Sun*）的政治立場則較爲游離，例如柴契爾時代《太陽報》支持保守黨，1997年新工黨上台後改爲支持工黨，2010年聯合政府上台後轉而支持保守黨。英國《經濟學人》（*The Economists*）則爲政黨立場偏右的週刊。

蘇格蘭的平面媒體部分，包括政治立場中立的蘇格蘭的大報《蘇格蘭人報》（*The Scotsman*）。政治立場偏右的報紙例如蘇格蘭的小報《蘇格蘭每日郵報》（*Scottish Daily Mail*），以及政黨立場偏左的蘇格蘭大報《前鋒報》（*The Herald*）與《星期日前鋒報》（*Sunday Herald*）。

蘇格蘭獨立公投過程中，媒體的中立性和平衡報導引起廣泛討論，甚至演變成蘇格蘭獨立公投的辯論議題。首先，廣播和電視媒體方面，英國廣播公司的報導中立原則，成了獨立公投的焦點之一。英國廣播公司爲英國歷史悠久的公共媒體機構，長久以來保有中立客觀的聲望與傳統。但此次獨立公投的報導過程中，屢遭批評報導偏頗並引起爭議。學者羅伯森（John Robertson）及其研究團隊，以2012至2013年英國廣播公司和蘇格蘭電視台（Scottish Television, STV）作爲研究對象，針對英國廣播公司及蘇格蘭電視台共730小時的晚間新聞報導做一分析。研究結果發現，這兩家電視台的蘇格蘭獨立公投相關報導，出現對反對蘇格蘭獨立陣營的偏好。反對蘇格蘭獨立陣營與贊成蘇格蘭獨立陣營相較，享有三比二的報導優勢（Newsnet Scotland, 2014）。英國廣播公司則做出回應反駁，強調「我們對公投議題的報導公正且中立，並遵循新聞編輯的綱領」（Gardham, 2014）。

然而，英國廣播公司的新聞中立於蘇格蘭獨立公投宣傳運動中，始終成爲包括贊成與反對蘇格蘭獨立之各界人士的關切焦點。舉例而言，蘇格蘭政府首席大臣薩蒙德，於2012年會晤英國廣播公司信託基金主席彭

定康（Lord Patten），抗議英國廣播公司報導蘇格蘭獨立時使用「分開」（separation）、「瓦解」（break-up）、或「分離」（divorce），並獲得英國廣播公司正面的改善回應（McKim, 2012）。英國廣播公司信託基金主席彭定康亦承認，雖然英國廣播公司報導蘇格蘭公投時，致力保持新聞中立，但這並不容易（Settle, 2013）。

　　其次，平面媒體方面對於蘇格蘭獨立公投的報導，英國及蘇格蘭的主流平面媒體，大多反對蘇格蘭獨立。舉例而言，《經濟學人》即為具有代表性的反獨媒體。《經濟學人》於2012年4月的蘇格蘭獨立報導中，認為蘇格蘭獨立後，將可能成為「歐洲最脆弱、邊緣化的經濟體」，並於該期封面大玩文字遊戲，挖苦蘇格蘭獨立後將成為「窮光藍」（Skintland）。其他蘇格蘭的著名城市與地區亦被改名諷刺，例如愛丁堡變成「愛丁借」（Edinborrow），格拉斯哥變為「格拉斯完」（Glasgone），亞伯丁成了「亞伯沉」（Aberdown），伊凡尼斯成為「伊凡毀滅」（Inveruin），高地變成「高利率地」（Highinterestlands），低地變為「貸款地」（Loanlands）（Economist, 2012）。面對《經濟學人》的諷刺，蘇格蘭政府首席大臣薩蒙德予以嚴詞批判，認為「這是完全的汙辱」（Peev, 2012）。前蘇格蘭政府首席大臣麥克利殊（Henry McLeish）亦對《經濟學人》的報導強烈指責，認為「這顯示該雜誌對這個議題的貧乏，以及傳統上該雜誌對大多數政治與經濟議題的右派立場」（Ibid.）。

　　英國和蘇格蘭的主流平面媒體，幾乎一面倒反對蘇格蘭獨立。面對多數媒體對蘇格蘭獨立的反對立場，蘇格蘭《前鋒報》的政治評論員麥克沃特（Iain Macwhirter）指出，英國與蘇格蘭的平面媒體幾乎都是聯盟派，這個現象本身就快變成一個憲政議題。他表示：「報紙可以擁有強烈的編輯觀點，但所有的報紙都擁有相同的編輯觀點，則是不健康的」（Macwhirter, 2014）。

　　然而，仍有少數媒體持相反或中立的觀點。例如，蘇格蘭小報《蘇格蘭每日郵報》公開表示，支持蘇格蘭獨立。英國廣播公司、《金融時報》、以及《蘇格蘭人報》，則對蘇格蘭獨立公投繼續維持這些媒體平衡報導的中立立場，並未表態支持或反對蘇格蘭獨立。英國小報《太陽報》則維持該媒體的游離立場，並視主流民意趨勢而支持勝選的一方。有關英國媒體對蘇格蘭獨立公投的態度傾向，請參閱表3-2。

　　英國主流媒體對蘇格蘭公投的態度，傾向於反對獨立。特別的是，新興的網路社會媒體（Social Media）在蘇格蘭公投議題上，卻呈現贊成獨立派較為顯著的相反情況。根據學者謝法德（Mark Shephard）與昆倫

表3-2　英國媒體與蘇格蘭獨立公投

媒體	政治立場	屬性	對蘇格蘭獨立公投的態度傾向
英國廣播公司	中立	英國公共廣電媒體	中立
泰晤士報	偏右	英國大報	反對獨立
星期日泰晤士報	偏右	英國大報	反對獨立
每日電訊報	偏右	英國大報	反對獨立
衛報	偏左	英國大報	反對獨立
獨立報	偏左	英國大報	反對獨立
金融時報	中間	英國大報	中立
每日鏡報	偏左	英國小報	反對獨立
太陽報	游離	英國小報	支持勝選的一方
經濟學人	偏右	英國雜誌	反對獨立
前鋒報	偏左	蘇格蘭大報	反對獨立
星期日前鋒報	偏左	蘇格蘭大報	贊成獨立
蘇格蘭人報	中立	蘇格蘭大報	反對獨立
蘇格蘭每日郵報	偏右	蘇格蘭小報	反對獨立

資料來源：作者整理

（Stephen Quinlan）針對2013年8月至2014年4月英國臉書（Facebook）與推特（Twitter）使用者，於「贊成蘇格蘭」與「續留英國」的網路活動進行研究，研究發現與「續留英國」陣營相較，「贊成蘇格蘭」呈現較多的活動與熱情，而研究期間的八個月中，「贊成蘇格蘭」支持者在社會媒體的活動與關注興趣上，始終領先「續留英國」（Shephard and Quinlan, 2014）。

舉例而言，2013年11月獨立白皮書發表前，英國臉書用戶對「贊成蘇格蘭」活動「按讚」（likes）的次數，較「續留英國」獲得臉書用戶支持者按讚的次數多出約8,000次。2014年2月時，雙方的差距更擴大到約25,000次（Ibid.）。推特使用者的情況亦相同。2013年8月推特使用者中，支持「贊成蘇格蘭」的「跟隨者」（followers），比支持「續留英國」的「跟隨者」，人數多出約8,000人。2014年4月，雙方「跟隨者」的人數落差更擴大約16,000人（Ibid.）。根據2012年的統計，英國全國使用社群網站的人數比率，於歐盟會員國中排名第二，且全國約有近半民眾使用社群網站，例如臉書及推特（Office for National Statistics UK, 2013）。社群網站於英國的高度普及性，對政治的影響力因此不容小覷。

第二節　政策主張及爭議

蘇格蘭獨立公投的辯論中，蘇格蘭政府提出的獨立後政策受到矚目，並引起贊成與反對蘇格蘭獨立兩方陣營的爭辯。蘇格蘭政府於蘇格蘭獨立白皮書中，提出許多獨立後的政策主張。本節針對蘇格蘭政府於獨立白皮書中提出主要政策做一分析，包括國家元首、經濟政策、貨幣政策、國防政策、外交政策、歐盟會籍、能源政策、福利政策、退休金政策、幼兒照

顧政策、高等教育政策、廣播政策、國家健政策，邊境政策，移民政策、以及公民身分與護照政策。以下就這16項政策，分析蘇格蘭政府的獨立後政策，及其引發的批評與討論。

一、國家元首

蘇格蘭政府主張，獨立後的蘇格蘭將繼續採行立憲君主制，並尊奉英王為國家元首。蘇格蘭獨立白皮書中指出，蘇格蘭與英格蘭王國早在1603年便開始共尊一王。獨立白皮書中亦強調，兩國共享同一元首的情況並非特殊。大英國協目前的53個會員國中，包括英國計有16個國家，奉英女王為元首。倘若獨立成功，蘇格蘭將成為國協中第17個奉英女王為元首的國家（Scottish Government, 2013a: 353-354）。

蘇格蘭政府的獨立後國家元首政策，於2007年發布的《選擇蘇格蘭的未來》（*Choosing Scotland's Future*）政策白皮書中便已發展出雛形。《選擇蘇格蘭的未來》政策白皮書中，蘇格蘭政府計畫：「獨立後女王仍將為蘇格蘭的國家元首。目前的大不列顛與北愛爾蘭此一議會及政治聯盟，將變成一個單一元首與社會聯盟，以及將成為多個聯合王國而非一個聯合王國，並將維持1603年建立起共尊一王的關係」（Scottish Executive, 2007: 24）。

2014年公布的「蘇格蘭獨立法案」草案中，蘇格蘭政府繼續強調蘇格蘭保留女王作為國家元首的政策，並從歷史背景的角度，強調此一政策的歷史緣由：「蘇蘭政府的政策為繼續保留君主，並希望獨立的蘇格蘭是一個民主的立憲君主國。自1603年後，蘇格蘭與英格蘭雖然歷經許多不同的政治協議，但仍然共同擁有一位君主迄今。因此，獨立後的蘇格蘭依然能與英格蘭擁有共同君主」（Scottish Independence Bill, 2014: 31）。

根據2014年6月的民調顯示，高達五成的蘇格蘭民眾，以及英格蘭與

威爾斯民眾，對保留英王表示贊成。62%的蘇格蘭民眾認爲，獨立後的蘇
格蘭應保留英格蘭的國王或女王，而65%的英格蘭及威爾斯民眾，亦同意
此觀點（NatCen, 2014a: 3）。英國女王伊麗莎白二世，於2014年6月的議
會演說中確認英國政府的立場：「我的政府會繼續下放權力給蘇格蘭議
會，並致力於使蘇格蘭留在英國」（BBC News, 2014j）。「續留英國」
團體則主張，蘇格蘭不應獨立，英王將繼續擔任英國國家元首，在蘇格蘭
保留住所，定期出訪蘇格蘭，並維持所有目前與蘇格蘭的聯繫（The Inde-
pendent, 2014）。

二、經濟政策

蘇格蘭政府指出，根據多種數據顯示，蘇格蘭目前的經濟表現比英
國更好或與英國一樣好。舉例而言，2010年蘇格蘭的人均國民所得毛額爲
26,000英鎊，高於英國的24,000英鎊（Scottish Government, 2013a: 87）。
若排除北海石油及天然氣，蘇格蘭的人均國民生產總值爲英國人均國民
生產總值的99%，幾乎相同。若將北海石油及天然氣收益算入，蘇格蘭
的人均國內生產毛額將比英國人均國內生產毛額，高出20%（Ibid.）。
經濟合作發展組織（Organization for Economic Co-operation and Develop-
ment, OECD）經濟體的人均國民生產總值排名中，蘇格蘭估計爲全球第八
（*Ibid.*）。

蘇格蘭政府的經濟表現不錯，但蘇格蘭政府表示，根據國家統計局的
2007至2012年的資料，蘇格蘭與英國相較，負擔較多的稅，但享有較少的
公共支出。根據該項統計，2007至2012年蘇格蘭公共支出占國內生產毛額
的比率，皆高於同期英國公共支出占國內生產毛額的比率（Scottish Gov-
ernment, 2013a: 597）。2007至2012年蘇格蘭公共支出占國內生產毛額的
平均比率爲43.0%，同期蘇格蘭公共支出占國內生產毛額的比率則爲45.0%

表3-3　蘇格蘭與英國的公共支出占國內生產毛額比率

	2007/08	2008/09	2009/10	2010/11	2011/12
蘇格蘭	40.1%	41.7%	46.0%	44.5%	42.7%
英國	40.7%	44.4%	47.4%	46.8%	45.5%

資料來源：Scottish Government (2013a: 597)

（*Ibid.*, 597）。有關蘇格蘭與英國的公共支出占國內生產毛額比率，請參閱表3-3。

　　此外，依據國家統計局的資料，2007至2012年蘇格蘭人均稅負，皆高於同期英國人均稅負（*Ibid.*, 598）。舉例而言，2011/12年度蘇格蘭人均稅負為10,700英鎊，高於英國人均稅負的9,000英鎊（*Ibid.*）。蘇格蘭政府亦指出，自1980/81年度起，蘇格蘭每年的人均稅負，皆高於英國的人均稅負（*Ibid.*）。有關蘇格蘭與英國的人均稅負相關統計，請參閱表3-4。

　　蘇格蘭政府因此認為，獨立後蘇格蘭將可自由決定稅收及公共支出，並制定符合蘇格蘭國情及偏好的經濟政策。目前蘇格蘭擁有少部分的經濟政策決策權，大部分的經濟政策仍由倫敦的英國中央政府主導，對蘇格蘭的經濟發展造成限制。

　　蘇格蘭政府於獨立白皮書中，揭示蘇格蘭的經濟發展目標。蘇格蘭政府希望獨立後十年內，蘇格蘭將擠身聯合國人力發展指標（UN Human Development Index）的前十名，以展現蘇格蘭經濟表現的提升，以及代

表3-4　蘇格蘭與英國的人均稅負統計

	2007/08	2008/09	2009/10	2010/11	2011/12
蘇格蘭	£10,000	£10,600	£9,100	£9,900	£10,700
英國	£8,900	£8,600	£8,200	£8,800	£9,000

資料來源：Scottish Government（2013a: 598）

表蘇格蘭能夠將經濟成功的成果，轉換爲蘇格蘭人民的社會及個人福祉（*Ibid.*, 91）。爲了達成更成功的經濟發展，蘇格蘭政府於獨立白皮書中，列出六項優先任務，包括「創造一個具支持性的商業環境轉型爲低碳經濟，增進學習及技能發展與福祉的機會，強調基礎建設，確保有效政府，以及創造更公正的經濟及社會成果」（*Ibid.*, 92）。

相較於蘇格蘭政府對獨立後經濟發展的信心與遠景，反對蘇格蘭獨立陣營，則提出相反的主張。「續留英國」組織認爲，英國是世界最古老且最成功的經濟聯盟，蘇格蘭受益於英國的廣大市場與分享風險及資源的原則（Better Together, 2014b）。英國爲蘇格蘭的主要市場，根據2012年的統計，蘇格蘭出口中有65%爲出口至英國蘇格蘭之外的其他地方，剩下的35%爲出口至世界其他地方（*Ibid.*）。英國作爲蘇格蘭最大的出口市場，續留英國意謂蘇格蘭能夠獲得更多的工作、繁榮、與貿易（*Ibid.*）。「續留英國」組織亦提出若干統計數據強調蘇格蘭續留英國的優點。舉例而言，根據統計2012至2013年度，蘇格蘭每人獲得的公共支出約爲1,257英鎊，高於英國每人獲得的公共支出數值（Institute for Fiscal Studies, 2014: 1）。

另一方面，「續留英國」組織指出，蘇格蘭脫離英國後將面對更嚴峻的經濟挑戰。依據財政研究機構（Institute for Fiscal Studies, IFS）的預估，2016至2017年度，獨立後蘇格蘭將面臨國內生產毛額5%的財政赤字，比英國財政赤字的情況更嚴重，並將導致加稅及刪減支出（*Ibid.*, 2）。此外，財政研究機構分析，按照蘇格蘭獨立白皮書的政策內容，獨立後的蘇格蘭須面對大幅的公共支出刪減或加稅（*Ibid.*）。

根據英國財政部推估，蘇格蘭獨立將需要15億英鎊成立相關部會，例如主管稅務、退休金、護照、福利、交通、及各類監管的部門和機構，平均每個家庭因此需支付600英鎊。英國財政部並批評，蘇格蘭政府並未

告知選民成立新政府所需的巨額花費（BBC News, 2014g）。另一方面，根據英國倫敦政經學院（The London School of Economics and Political Science, LSE）鄧里維教授（Patrick Dunleavy）的研究，蘇格蘭獨立後則需花費一億五千萬至兩億英鎊以成立政府相關單位（BBC News, 2014m）。因此，蘇格蘭獨立後政府單位與組織的建立，將造成一筆可觀的財政負擔。

三、貨幣政策

貨幣政策方面，蘇格蘭獨立白皮書指出，蘇格蘭獨立後保留英鎊作為正式流通貨幣將是最好的選擇（Scottish Government, 2013a: 110）。蘇格蘭政府委託頂尖經濟學者組成財政委員會（Fiscal Commission），針對獨立後的蘇格蘭貨幣政策，包括續用英鎊，發行蘇格蘭貨幣或加入歐元區等多重選項進行分析。財政委員會的分析結果，建議續用英鎊為最佳選擇。該委員會並提議蘇格蘭與英國組成「英鎊區」（Sterling Area），蘇格蘭可根據「英鎊區」的經濟情況，制定蘇格蘭的貨幣政策。英格蘭銀行繼續負責發行貨幣，但與蘇格蘭保持一種夥伴關係（*Ibid.*）。財政委員會主張續用英鎊對蘇格蘭及英國皆為有利，主要理由包括蘇格蘭與英國的高度貿易依存，兩地間高度勞動流動性，兩地經濟體質表現優異等（*Ibid.*, 111）。

然而，蘇格蘭獨立後續留英鎊區的計畫，對英國中央政府而言，顯得過於一廂情願。英國中央政府蘇格蘭事務大臣卡邁克（Alistair Carmichael）表示，獨立後的蘇格蘭保留英鎊，繼續將英格蘭銀行作為自己的央行，這一項極不可能實現（BBC News, 2013d）。英國前首相布朗（Gordon Brown）則指出，蘇格蘭獨立後保留英鎊是一種「自我設限的殖民主義」（The Guardian, 2013）。反獨立的「續留英國」團體強調，英鎊是世界上最安全、最受到信任的貨幣之一，「續留英國」表示：「在英國，

我們能享受英鎊帶來的安定與保護。可是我們若離開英國，我們就離開英鎊」（Better Together, 2014c: 1）。因此，反對蘇格蘭獨立的陣營，對蘇格蘭續用英鎊的政策主張並不支持。

四、國防政策

蘇格蘭政府提出的獨立後國防政策，主要包括以下三項：首先，蘇格蘭政府希望儘速撤除英國境內的核武器並設定時間表，計畫於獨立後首屆蘇格蘭議會任期內移除三叉戟導彈（Scottish Government, 2013a: 237；475）。其次，蘇格蘭希望建設符合蘇格蘭需求的國防力量，並充實蘇格蘭的海陸空三軍，以達到獨立十年後擁有15,000名常規軍人及5,000名後備軍人的三軍軍力（Ibid., 238-243）。

蘇格蘭的另外一項國防政策，與1949年成立的北大西洋公約組織或簡稱北約（North Atlantic Treaty Organization, NATO）有關。蘇格蘭政府指出，獨立後蘇格蘭將向北約通知加入該組織的意願，並透過協商使蘇格蘭從英國此一北約成員國的一部分，過渡成一個獨立的北約成員國（Ibid., 250）。蘇格蘭政府強調，蘇格蘭的地理位置，以及保護海洋環境的強大國家利益，將使蘇格蘭對北約有所貢獻（Ibid.）。同時，蘇格蘭計畫成為北約的非核成員國（Ibid., 251）。蘇格蘭政府相信，加入北約對蘇格蘭、英國、北約成員國皆為有利（Ibid., 205）。

然而，蘇格蘭的國防政策主張，引起反對獨立人士的質疑。批評者認為，英國國防預算排名世界第四高，英國國軍亦享譽全球，蘇格蘭得以享受英國國防提供的強大保護和安全，及其所帶來的廣泛國際影響力。英國倘若分裂，將會減損而非增加蘇格蘭的國防安全與世界影響力（Better Together, 2014d: 1）。此外，國防工業與造船業為蘇格蘭重要產業，蘇格蘭獨立後英國國防工業與造船業的整體發展將受到打擊，連帶影響蘇格蘭

相關產業及從業人員的生計營收（*Ibid.*, 2）。

再者，移除核武的計畫能否實現，亦成疑問。英國政府指出，移除核武曠日廢時且遷移成本花費高昂，例如核潛艇基地遷移的費用可能達數百億英鎊。根據英國國防與安全智庫團體皇家聯合服務機構（Royal United Services Institute, RUSI）學者泰勒的（Trevor Taylor）研究，蘇格蘭移除核武的成本，預估將高達200億英鎊，並花費至少十年的時間（Tayor, 2013）。

最後，就北約的會籍而言，蘇格蘭政府希望續留北約，但另一方面蘇格蘭承諾獨立後儘速撤除核武，將使北約的核武能力遭到減損，因而引起各界討論。蘇格蘭方面主張，北約成員國中亦有不少非核成員國，故其撤除核武的政策並不會影響蘇格蘭加入北約。

英國政府則指出，蘇格蘭獨立後成為一個新的國家，因此必須重新申請加入北約，並與北約28個會員國進行協商並取得一致同意（UK Government, 2013： 60-61）。此外，英國政府認為，蘇格蘭國家民族黨的非核政策與北約的策略性核武理念相互違背，對蘇格蘭申請加入北約將造成重大困難（UK Government， 2013: 53）。根據2012年北約成員國達成的共識，北約再次表明對核武的承諾：「只要核武存在，北約仍是一個核武聯盟」（NATO, 2012）。北約並強調，「北約安全的最大保證，來自成員國的策略性核武，特別是美國、英國、法國，各自扮演其核武角色，並對北約的總體核武與安全做出貢獻」（*Ibid.*）。

北約成員國應有意願和能力承擔北約會籍的責任與義務，但蘇格蘭的反核政策則與北約理念相互扞格。英國政府的前任國防部長暨前任北約秘書長羅伯遜（ Lord Roberson）提出批評，認為薩蒙德支持北約的政策是「選舉花招」，因為這與蘇格蘭國家民族黨長期以來的反核立場相互矛盾（Riley-Smith, 2014）。羅伯遜認為，北約的28個會員國不太可能讓一

個禁止裝載核武器的船隻進入其水域的國家加入成為會員國（*Ibid.*）。同時，他擔憂蘇格蘭的出走將傷害英國的世界地位，對歐洲及全球穩定造成嚴重破壞（*Ibid.*）。

現任北約秘書長拉斯姆森（Anders Fogh Rasmussen）則表示：「如果獨立後的蘇格蘭申請北約會籍，那將與其他國家申請加入北約一樣」（BBC News, 2014l）。除此之外，拉斯姆森基於不想干預英國政治的理由，並未就蘇格蘭撤除核武對北約會籍的影響做出評論（*Ibid.*）。根據2013年北約與蘇格蘭國家民族黨領袖的一場非公開會議，蘇格蘭的代表受到北約警告，如果蘇格蘭公投通過，將使北約的核保護傘（nuclear umbrella）遭到剝奪，並在侵略性的莫斯科威脅下喪失防衛能力（Fedyashin, 2014）。

北約其他成員國亦透露，倘若蘇格蘭堅持撤除核武基地，其加入北約的申請很可能會遭到阻擋或延遲（Macnab, 2014b）。特別是美國總統歐巴馬（Barack Obama）公開表示支持英國政府並反對蘇格蘭獨立後，美國可能會針對蘇格蘭的北約會籍申請投下否決票（Allardyce and Hookham, 2014）。因此，蘇格蘭的核武政策及北約會籍將出現矛盾之處，並恐窒礙難行。

五、外交政策

蘇格蘭政府主張，獨立後蘇格蘭成為一個獨立的主權國家，享有國家主權自主性，得以推行符合蘇格蘭利益與價值的外交政策。根據蘇格蘭獨立白皮書，獨立後的蘇格蘭外交政策，有以下四個要點。

首先，獨立後蘇格蘭計畫利用蘇格蘭現有的能力，以及蘇格蘭於英國國際資產中所擁有的持分，設立約70至90個海外大使館的網絡，其營運成本估計為九千萬至一億二千萬英鎊。蘇格蘭政府主張，英國外交部目

前擁有約5,000個海外房地產，這些資產總值約十九億英鎊，而根據蘇格蘭所占英國人口的比例，蘇格蘭應分得約一億五千萬的資產，並得以利用這些資產快速建立蘇格蘭的海外網絡（Scottish Government, 2013a: 206, 211）。

其二，獨立後蘇格蘭將宣布承接英國雙邊及多邊條約的意向，因為此舉符合蘇格蘭的利益。一方面，蘇格蘭將與其他國家共同發展堅實的雙邊關係；另一方面，蘇格蘭亦希望於國際組織中扮演充分的角色，並繼續參加主要的多邊國際組織，包括聯合國（United Nations, UN）、世界貿易組織（World Trade Organization, WTO）、以及經濟合作暨發展組織（Organisation for Economic Co-operation and Development, OECD）（*Ibid.*, 2013: 225-226）。

其三，蘇格蘭與英國及愛爾蘭將維持緊密的外交關係。蘇格蘭與英國及愛爾蘭，共同擁有深厚的文化歷史和家族臍帶關係，以及貿易、安全、旅遊的共同利益。因此，獨立後蘇格蘭最重要的外交關係，將是蘇格蘭與英國和愛爾蘭的關係（*Ibid.*, 2013: 216）。

其四，獨立後蘇格蘭將成為一較小的國家，然而小國亦有其發展優勢。獨立後的蘇格蘭將不需要目前英國外交服務的規模。相反地，蘇格蘭的外交努力將聚焦於蘇格蘭享有國際聲譽的外交領域，包括國際發展、人權、氣候變遷、正義等，而這將是蘇格蘭於國際舞台上扮演成功角色的關鍵因素（*Ibid.*, 2013: 224-225）。

針對蘇格蘭提出的獨立後外交政策，英國政府認為，蘇格蘭續留英國能夠享受英國外交上的影響力與利益，並能透過英國現有的外交系統，促進蘇格蘭的國際地位與出口貿易。英國政府的反對主張，主要有以下幾點。

首先，英國外交部指出，目前英國於世界154個國家和12個海外領

土，設有267個大使館與相關外交機構。蘇格蘭建立海外大使館網路，將對蘇格蘭納稅人造成巨額負擔，且無法取代目前英國外交系統所能提供的廣泛及優質服務（Foreign and Commonwealth Office, 2014: 7）。

其次，英國於國際上致力於促進及保護蘇格蘭商業的經濟利益，蘇格蘭透過英國貿易投資署（UK Trade and Investment, UKTI），於海外超過上百個國家的169個據點獲得貿易的協助（Ibid.）。一旦蘇格蘭獨立，英國外交部認為，蘇格蘭將喪失英國貿易投資署的網絡，以及英國為蘇格蘭帶來的政治分量（Ibid.）。

其三，英國外交部指出，蘇格蘭獨立後將成為一個新的國家，需重新與包括英國在內的世界各國建立外交關係，並需重新申請國際組織的會籍，例如歐盟及北約。此外，獨立後蘇格蘭將不再是聯合國安理會常任理事國，同時也不太可能成為七大工業國組織（Group of Seven, G7）、八大工業國組織（Group of Eight, G8）、或二十國集團（Group of Twenty Finance Ministers and Central Bank Governors, G20）的成員國（Ibid., 6）。

最後，蘇格蘭獨立後將成為規模較小的國家。英國外交部同意，蘇格蘭獨立後能與其他小國一樣於世界舞台上扮演成功角色。然而，小國在政治、軍事、及經濟上較大國脆弱，需要透過與鄰近大國、國際組織、或國際聯盟建立緊密關係，以尋求保護。因此，獨立後的蘇格蘭會發現，其仍需與英國合作（Ibid., 14-15）。綜論之，英國政府主張，蘇格蘭續留英國能夠分享英國的世界影響力與資源，對蘇格蘭的外交發展較為有利。

六、歐盟會籍

蘇格蘭政府主張，繼續保留歐盟會籍，對蘇格蘭最為有利。蘇格蘭白皮書中，蘇格蘭政府指出，繼續保留歐盟會籍的優點，包括能夠進入歐盟單一市場，透過歐盟延伸與世界的連結，與歐盟共同致力追求社會凝聚，

促進人才跨國流動，共同追求自由、安全、正義等價值，以及扮演歐盟外交及安全政策的合作角色（Scottish Government, 2013a: 219-220）。

此外，倘若公投通過獨立，蘇格蘭政府計畫於公投日至獨立日之間的18個月，與英國、歐盟會員國、及歐盟展開協商。蘇格蘭政府認為，蘇格蘭的情況特別，因此希望根據「影響連續性」（continuity of effect）的原則進行協商。蘇格蘭希望基於做為英國的一部分，適用歐盟條約的義務與條款，得以從歐盟會員國接續轉換成歐盟獨立會員國身分，而無需中斷其歐盟會籍（*Ibid.*, 221-222）。簡言之，蘇格蘭政府希望透過協商，繼承取得歐盟會籍，而不需重新申請加入歐盟。再者，就歐元議題而言，蘇格蘭政府則主張繼續使用英鎊。因此，蘇格蘭政府雖然認可歐元區的政治與經濟目標，但不會尋求加入歐元區（*Ibid.*, 222）。

目前歐盟有關新會員加入的條款，為歐盟條約（Treaty on European Union, TEU）第49條，該條約規定候選會員國申請歐盟會籍的程序（European Union, 2014）。蘇格蘭則認為蘇格蘭的情況未有前例，因此希望適用歐盟條約第48條，亦即會員國、執委會、或歐洲議會，皆可向歐盟理事會提議修改歐盟條約（*Ibid.*）。蘇格蘭希望藉由直接修改歐盟條約，讓蘇格蘭可以透過會員國的協商，繼承歐盟會籍。

由於歐盟條約中，並無直接或明確的條約適用於蘇格蘭的個案，因此蘇格蘭獨立後將引用歐盟條約第49條或第48條，法界及學界各有主張，未有定論。多位知名歐盟法及憲法律師，例如阿姆斯壯（Kenneth Armstrong）、雷登（Patrick Layden）、皮瑞斯（Jean-Claude Piris）、湯姆金斯（Adam Tomkins）、提爾霓（Stephen Tierney）等皆主張蘇格蘭獨立後應適用歐盟條約第49條（Douglas-Scott, 2014: 4）。學者道格拉斯史考特（Sionaidh Douglas-Scott）則持相反看法，主張蘇格蘭獨立後應適用歐盟條約第48條，進行條約修改，使蘇格蘭保留會籍成為歐盟內部擴大的一種

形式（*Ibid.*, 2014: 24）。

　　反對蘇格蘭獨立的「續留英國」及英國政府，則針對蘇格蘭政府保留歐盟會籍的主張提出質疑。首先，英國政府主張，倘若蘇格蘭申請加入歐盟，作爲一個新的國家應適用歐盟條約第49條，重新申請歐盟會籍，並與歐盟會員國進行協商，歐盟全體會員國一致通過後，才能取得會籍（Better Together, 2014e: 1-2；UK Government, 2013a: 63）。

　　英國政府對於蘇格蘭政府希望適用歐盟條約第48條保留會籍，提出批評。一方面，英國政府認爲，歐盟會員國全體一致同意蘇格蘭獨立後保留會籍是不太可能的事，歐盟執委會及歐洲議會，對於歐盟條約第48條適用於蘇格蘭這個前所未有的個案亦不太可能同意（UK Government, 2013a：63）。另一方面，英國政府指出，「即使會員同意適用歐盟條約第48條，後續的協商將會非常複雜。……其他會員國、歐盟執委會及歐洲議會，亦會於協商過程中，提出條約其他部分的修改提案，最後將使蘇格蘭會籍議案的協商，演變成更爲廣泛、複雜的歐盟改革協商」（*Ibid.*）。

　　其次，蘇格蘭政府計畫，於獨立公投後18個月內完成保留歐盟會籍的程序。英國政府則認爲，蘇格蘭獲得歐盟會籍的過程將複雜且曠日廢時。根據先前的例子，歐盟候選會員國從開始協商到最後加入歐盟的時間長短不一，例如．奧地利、芬蘭、及瑞典費時逾兩年，波蘭、匈牙利、捷克、愛沙尼亞、斯洛維尼亞、及塞浦路斯費時逾八年，克羅埃西亞則花費愈七年的時間（*Ibid.*, 66）。

　　再者，英國目前享有歐盟的退款（rebate），加入歐元的選擇退出權（opt-out），以及申根協議及邊境管制的選擇退出權。一旦蘇格蘭獨立出去則不再享有這些權利，且需重新與歐盟及歐盟會員國進行協商，以獲得這些權利。最後，蘇格蘭的出走將使英國領土縮小，連帶減損英國與德法並列歐洲三強的地位與影響力。英國政府主張，倘若蘇格蘭續留英國將能

透過英國於歐盟的優勢地位與影響力，獲得較多的利益（Better Together, 2014e：1-2；UK Government, 2013a: 55）。

　　就歐元議題而言，英國政府指出，雖然蘇格蘭政府無意加入歐元區，但歐盟條約要求新加入歐盟的成員國承擔加入歐元區的義務。特別是1993年之後加入歐盟的所有會員國皆被要求承諾加入歐元區（UK Government, 2013: 68）。倘若蘇格蘭政府不加入歐元區，則需要與歐盟28個會員國進行協商，以取得歐元區的選擇退出權。另一方面，倘若蘇格蘭未能取得歐元區的選擇退出權，則需面對歐元區對蘇格蘭貨幣、財政、及經濟政策的影響，例如蘇格蘭的貨幣政策因此無法自主，蘇格蘭需要面臨歐元區的制裁，以及財政與經濟規範的壓力（*Ibid.*, 68-69）。此外，英國政府批評，獨立後的蘇格蘭由於國家規模變小，蘇格蘭於歐元區中對歐元區貨幣政策的影響力將相對有限（*Ibid.*, 69）。

　　歐盟方面則表示，蘇格蘭獨立後需要與歐盟其他會員國協商，重新申請加入歐盟。歐盟領袖對會員國內出現獨立國家的歐盟會籍議題，做出相似回應。舉例而言，歐盟理事會主席范宏畢（Herman Van Rompuy）於2013年12月表示：「如果一個會員國的部分領土獨立出去並成為一個新的國家，歐盟條約則不適用於該領土。易言之，一個新的獨立國家，對歐盟而言即為第三國，而歐盟條約從獨立日起即不再適用於該領土」（Gardham, 2013）。

　　歐盟執委會主席巴羅索（José Manuel Barroso）亦表示相同看法。他於2012年2月針對蘇格蘭續留歐盟的議題指出蘇格蘭獨立後，將需要重新申請加入歐盟，並且獲得其他會員國的一致同意。巴羅索認為：「一個自會員國獨立出來的新國家要取得其他會員國同意，將會極度困難」（BBC News, 2014i）。范宏畢與巴羅索的聲明，與前歐盟執委會主席普洛迪（Romano Prodi）於2004年表示的立場一致。當時普洛迪指出，一個新興

獨立的地區，對歐盟而言將成爲第三國，歐盟條約因此不再適用於該地區（Johnson, 2012）。

由於西班牙境內亦面臨加泰隆尼亞地區的獨立公投壓力，西班牙總理就蘇格蘭獨立後自動取得歐盟會籍，表示反對。西班牙總理拉霍伊（Mariano Rajoy）指出，「一個地區在歐盟獲得獨立，便將離開歐盟，這對我而言非常清楚，亦對世界上其他人也一樣清楚。同時，蘇格蘭公民以及歐盟所有公民都知道這點，將會是一件好事」（Carrell and Kassam, 2013）。倘若蘇格蘭獨立，不管採取何種方式保留或重新取得歐盟會籍，皆需經由通過複雜及漫長的協商，方能獲得歐盟會員國的一致同意。

七、能源政策

蘇格蘭獨立白皮書指出，蘇格蘭擁有豐富的能源資源，特別是北海（North Sea）石油和天然氣的生產。然而，英國政府未能對蘇格蘭的石油和天然氣資源提供有效的管理。白皮書進一步主張，蘇格蘭獨立後將致力於石油和天然氣資源的安全生產，並提供一個穩健及可預測的財政機制（Scottish Government, 2013a: 300-302）。蘇格蘭擁有歐盟最大的石油儲備，獨立後蘇格蘭將發展石油和天然氣的稅制，並成立蘇格蘭能源基金（Scottish Energy Fund），裨利未來財政收入與投資（*Ibid.*, 303-305）。

蘇格蘭政府指出，以2011/12年爲例，蘇格蘭從英國中央政府獲得的北海石油及天然氣稅收爲106億英鎊。然而，根據國家統計局2007至2012年的資料統計，蘇格蘭石油及天然氣稅收占政府歲入的比率，與同是歐洲石油及天然氣最大生產國的挪威相較，顯得較低（Scottish Government, 2013a: 598）。因此，蘇格蘭政府主張，獨立後蘇格蘭擁有北海石油及天然氣的稅收自主權，將裨益蘇格蘭的財政發展。有關蘇格蘭與挪威石油及天然氣稅收占政府歲入的比率，請參閱表3-5。

表3-5　蘇格蘭與挪威石油及天然氣稅收占政府歲入的比率

	2007/08	2008/09	2009/10	2010/11	2011/12
蘇格蘭	14%	21%	12%	15%	19%
挪威	36%	27%	26%	27%	31%

資料來源：Scottish Government (2013a: 599)

　　反對蘇格蘭獨立的「續留英國」團體則指出，目前英國的石油和天然氣的收益，已充分投注於公共服務。蘇格蘭政府提出比現行英國政府更多的福利政策，並提議成立蘇格蘭能源基金，但並未說明這些政策所需的新增財源從何而來（Better Together, 2014f: 1-2）。「續留英國」團體亦質疑，蘇格蘭獨立後，石油收入預估將占蘇格蘭歲入20%，但石油價格的波動，以及獨立後喪失英國此一較大經濟體對油價下跌的保護，將皆對蘇格蘭財政造成更多不利影響（*Ibid.*, 1）。

八、福利政策

　　蘇格蘭政府提出許多福利政策希望爭取選民支持，並使獨立後的蘇格蘭成為更為公平的社會。蘇格蘭獨立白皮書的重要福利政策，有以下數端。蘇格蘭政府希望廢除或停止現行英國中央政府施行的福利政策，包括臥房稅（Bedroom Tax）、統一福利金（Universal Credit）[2]、個人獨立津貼（Personal Independence Payment）[3]等。臥房稅為英國中央政府2013年開徵的稅收，針對公共住房租戶與社會住房租戶中擁有多餘臥室的家庭，

---

[2]　統一福利金（Universal Credit）為英國中央政府2013年提出的福利改革制度，政策原則為使受助者得到的總福利低於重新就業的收入水平，並不再將受助者的需要作為優先考慮。統一福利金政策透過福利金的取消，藉以懲罰多次拒絕工作者。

[3]　英國中央政府2013年提出個人獨立津貼（Personal Independence Payment, PIP），取代過去的就業適齡人員殘疾救濟金（Disability Living Allowance, DLA）。個人獨立津貼要求受補助者進行定期審查，以確定符合補助資格。英國政府估計，大約有五分之一目前領取DLA者不符合申領PIP的資格，殘疾福利金因而將受到縮減（Department for Work and Pension, 2014a）。

減少其住房福利。蘇格蘭政府希望在獨立後首年，便取消臥房稅。此外，蘇格蘭政府亦計畫停止統一福利金和個人獨立津貼，確保個人所得稅基本稅率及退稅福利與通貨膨脹增長幅度符合（*Ibid.*, 158-159）。

　　蘇格蘭獨立白皮書的福利政策主張，遭到反對獨立派人士的批評。批評者認爲，蘇格蘭應根據蘇格蘭的財政和經濟狀況提出全面的蘇格蘭福利政策，以符合蘇格蘭的未來發展。一如「續留英國」團體指出，蘇格蘭白皮書中並未提出嚴肅詳細的福利政策（Better Together, 2014g: 2）。白皮書中的福利政策，多爲針對英國中央政府現行的福利政策進行改革，例如上述的臥房稅、統一福利金、個人獨立津貼等政策。英國政府並指出，倘若蘇格蘭廢除或停止統一福利金及個人獨立津貼，將使蘇格蘭需要補助者繼續面對現行系統下複雜的福利補助系統（Department for Work and Pension, 2014b: 25-26），並失去刺激就業動機的益處。「續留英國」團體亦提醒，蘇格蘭獨立派人士應思考脫離英國後是否有充足的財源，以維持現階段的福利水準（Better Together, 2014g: 1）。

九、退休金政策

　　就退休金政策而言，獨立後蘇格蘭將確保退休人員繼續準時獲得全額的退休金，亦將進行退休改革。重要的改革計畫分爲國家退休金和職業及個人退休金兩個部分。國家退休金方面，2016年起蘇格蘭將提出國家退休金三重保障（the triple-lock），亦即退休金將會以平均收入、消費者物價指數通漲率、或最低2.5%的增長率保障爲計算基礎，藉以保障退休金（Scottish Government, 2013a: 144）。其次，蘇格蘭政府計畫提出單一層級退休金（single-tier pension），以確保2013年4月6日後的退休人員可獲得蘇格蘭單一層級退休金，金額設定爲每週160英鎊，比目前預期的英國水平高1.10英鎊（*Ibid.*, 141）。

　　此外，目前英國中央政府計畫於2020年前將退休金領取年齡延至66歲，並於2026至2028年將退休年齡延至67歲。蘇格蘭政府接受2020年前將退休金領取年齡延至66歲，但考慮到蘇格蘭的預期壽命較短，蘇格蘭政府對退休金領取年齡延至67歲的部分表示疑慮。因此，蘇格蘭政府計畫設立一個獨立的國家退休金年齡委員會，進一步訂定適合蘇格蘭長遠發展的國家退休金領取年齡（*Ibid.*, 141）。

　　職業及個人退休金方面，獨立後的蘇格蘭將繼續保障現行的職業及個人退休金權利與福利。除此之外，蘇格蘭的政策計畫要點包括以下數端。一方面，蘇格蘭對英國2012年推行的自動加入（automatic enrollment）職業退休金制度將繼續支持，以利解決私人退休金儲蓄降至歷史新低的問題（*Ibid.*, 146）[4]。另一方面，蘇格蘭政府獨立後將儘速建立蘇格蘭就業儲蓄信託（Scottish Employment Savings Trust），以增加中低收入者的退休金保障（*Ibid.*, 147）。三方面，蘇格蘭政府將推行財務能力策略（Financial Capability Strategy），以促進個人財務相關技巧與知識的增長（*Ibid.*）。

　　「續留英國」組織針對蘇格蘭政府提出的退休金政策，提出諸多批評。首先，「續留英國」組織認為，英國的退休金體系經過多年的運作，提供蘇格蘭可靠的退休金保障，蘇格蘭政府沒有可靠的計畫可以複製這些體系。此外，蘇格蘭政府欲建立一套新的退休金體系，包括設立類似英國現行體系的退休金監管局、就業儲蓄信託等制度與組織需要花費資金，但蘇格蘭政府並未對所需資金來源提出說明（Better Together, 2014h: 1-2）。

　　其次，「續留英國」組織批評，蘇格蘭面臨人口老化危機，蘇格蘭

4　英國自2012年10月起，推行自動加入（automatic enrolment）職業退休金計畫。該計畫要求雇主將所有年齡在22歲到法定退休年齡之間，每月收入833英鎊以上，且於英國工作的員工，強制納入該職業退休金計畫（The Pensions Regulator, 2014: 6）。

地區將比英國其他地區出現更多領取退休金者及更少的勞工。如此一來，將會如蘇格蘭財政大臣史維尼（John Swinney）所承認，由於面臨老化危機的人口定時炸彈，蘇格蘭獨立後政府將計畫刪減退休金（*Ibid.*, 1-2）。再者，目前許多蘇格蘭民眾參加的私人退休金計畫是以英格蘭、威爾斯、及北愛爲基地，蘇格蘭一旦脫離英國，將衍生退休金的跨國危機。因爲根據歐盟法規，這些公司將需要資金自給自足，因而面臨財務危機（*Ibid.*, 2）。

十、幼兒照顧政策

　　幼兒照顧政策爲蘇格蘭政府獨立公投的一項重要政策，幼兒照顧政策的預算，爲蘇格蘭獨立後的政府總體支出中增加最多者。根據統計，英國父母負擔的幼兒照顧支出爲全歐之冠，而蘇格蘭父母的幼兒照顧開支占家庭收入的27%，高於經濟合作暨發展組織國家12%的平均數（Scottish Government, 2013a: 194）。因此，蘇格蘭政府主張，獨立後將改善幼兒照顧，讓父母（特別是母親）可以選擇工作而無需擔心幼兒照顧的成本。蘇格蘭因此能享受父母外出工作所帶來的收益，包括經濟成長與稅收，而這些收益長期可用以支付幼兒照顧的開支。

　　根據蘇格蘭白皮書的福利政策，蘇格蘭獨立後的首次政府預算將投入一億英鎊，以提供約一半的蘇格蘭兩歲兒童一年600小時的幼兒照顧（Scottish Government, 2013a: 194；Scottish Government, 2013b: 1）。在蘇格蘭議會首任任期結束前，蘇格蘭計畫投入六億英鎊的預算，使所有三歲或四歲兒童及弱勢的兩歲兒童，每年享有1,140小時的免費托兒服務，約爲英國目前免費托兒服務時數的兩倍（*Ibid.*）。蘇格蘭政府並計畫於蘇格蘭議會第二任期完結前，年滿一歲至入學年齡的兒童，每年享有1,140小時的免費托兒服務（Scottish Government, 2013a: 194）。根據蘇格蘭政

府統計，幼兒照顧服務的擴大，預估將使蘇格蘭家庭省下每年每名兒童4,600英鎊的照顧費用，並使240,000名兒童及212,000個家庭受惠（Scottish Government, 2013b: 1）。同時，這項幼兒照顧政策將增加35,000個工作機會，有利於蘇格蘭的經濟發展（*Ibid.*）。

然而，根據財政研究機構（IFS）的研究並未有特別有力的證據顯示，幼兒照顧會對父母的勞動力供給有巨大影響（Institute for Fiscal Studies, 2014: 2）。財政研究機構並指出，蘇格蘭政府的政策分析中僅強調幼兒照顧會增加更多人投入職場，但沒有提到受到這項政策直接影響的全職母親，因此這項政策對勞動力供給所造成的財政收益分析，有其盲點（*Ibid.*）。

根據家長和幼兒照顧專家的看法，蘇格蘭新的幼兒照顧系統昂貴、複雜且沒有彈性（BBC News, 2014c）。英國的國家日間護理協會（National Day Nurseries Association）提出質疑，認為這項政策在財政上無法負擔，而且92%的托兒所表示政府沒有提供足夠的免費托育地點，多數的托兒所只能將額外的支出轉嫁至父母（*Ibid.*）。

十一、高等教育政策

關於蘇格蘭高等教育，蘇格蘭政府承諾，蘇格蘭學生仍可繼續獲得免費高等教育。這項承諾將為每位蘇格蘭學生省下約9,000英鎊的學費（Scottish Government, 2013a: 198）。蘇格蘭政府強調，免費教育是蘇格教育體系傳統與價值中的一項核心要素（*Ibid.*）。蘇格蘭教育自十五世紀以來，便居於世界領先地位，並擁有許多歷史悠久、享譽全球的大學機構。蘇格蘭的大學每年吸引超過四萬名國際學生前來就讀，不僅成為蘇格蘭經濟的主要來源之一，並培養訓練良好的畢業生，有利蘇格蘭的經濟發展（*Ibid.*, 197）。蘇格蘭對英國其他地方的學生，則收取與英國相當水準

的學費。蘇格蘭政府表示，獨立後將繼續維持對外國學生收費的高等教育政策（*Ibid.*, 198-200）。

蘇格蘭政府繼續維持免費高等教育的政策，將於獨立後遭遇挑戰。目前蘇格蘭對蘇格蘭本土學生提供免費高等教育。根據歐盟法律，蘇格蘭政府亦對其他歐盟國家的學生提供免費的高等教育。蘇格蘭政府對英國其他地方，包括英格蘭、威爾斯、及北愛爾蘭的學生，則收取與英國（蘇格蘭以外其他地方）高等教育相去不遠的學費。倘若蘇格蘭獨立後，依據歐盟法律，蘇格蘭政府必須對其他歐盟國家的學生提供免費的高等教育。因此，蘇格蘭是否應該對同是歐盟會員國的英國學生提供免費高等教育，則成為一個爭論的議題。

蘇格蘭獨立後，若按照歐盟法律對英國學生提供免費高等教育，蘇格蘭政府擔憂將使更多英國學生申請進入蘇格蘭大學就讀，恐增加財政負擔，並對蘇格蘭學生造成資源排擠效應。因此，蘇格蘭政府希望歐盟法律能對蘇格蘭獨立後的情況做一除外規定。一如蘇格蘭教育大臣羅素（Mike Russell）強調，蘇格蘭的情況特別，希望歐盟能夠給予特殊考量，使蘇格蘭繼續對英國其他地方學生收取學費（BBC News, 2014b）。不過，英國議會蘇格蘭事務委員會指出，蘇格蘭獨立後若繼續對英國學生收取學費，而對歐盟其他國家學生提供免學費，將違反歐盟法律（*Ibid.*）。因此，蘇格蘭獨立後的高等教育政策，對蘇格蘭及英國學生皆造成影響並引起爭議。

十二、廣播政策

蘇格蘭政府獨立後的廣播政策，亦引起各界關注與討論，成為蘇格蘭獨立公投辯論中的熱門議題。蘇格蘭廣播政策的辯論焦點，聚焦於獨立後蘇格蘭使用英國廣播公司（British Broadcasting Corporation, BBC）服務

的權利。英國廣播公司或常譯爲英國國家廣播公司，於1922年成立，爲英國獨立運作的公共媒體，其資金主要來自英國民眾繳納的電視牌照費。英國廣播公司目前爲世界的頂尖公共媒體，其製作的節目品質優異並廣受歡迎。蘇格蘭政府獨立白皮書中，特別針對蘇格蘭獨立後的英國廣播公司服務提出政策主張。

首先，蘇格蘭政府表示，獨立後蘇格蘭將成立一個全新的蘇格蘭廣播公司（Scottish Broadcasting Corporation, SBC）。蘇格蘭廣播公司的初期發展，將以目前蘇格蘭英國廣播公司（BBC Scotland）的人員與資產爲基礎，並將透過電視、電台、網路提供廣播服務（Scottish Government, 2013a: 317）。此外，蘇格蘭廣播公司將按蘇格蘭於英國的人口比例，承接並分享英國廣播公司的商業盈餘，估計每年約一千三百萬至一千九百萬英鎊（Ibid., 318）。

根據蘇格蘭政府的政策主張，蘇格蘭廣播公司將與英國廣播公司建立新的正式關係。蘇格蘭廣播公司將向英國廣播公司提供自行製播的節目，而英國廣播公司將繼續向蘇格蘭提供節目服務。舉例而言，目前英國廣播公司相當受到歡迎的電視節目，包括「東區人」（EasterEnders）、「超時空博士」（Doctor Who）、「舞動奇蹟」（Strictly Come Dancing）等，以及熱門頻道如兒童頻道（CBeebies），將繼續在蘇格蘭播放（Ibid., 318-319）。同時，蘇格蘭廣播公司將與英國廣播公司共同合作製播節目，蘇格蘭廣播公司並將依照蘇格蘭於英國的人口比例，獲得與英國廣播公司共同製播節目的權利（Ibid., 319）。

面對蘇格蘭政府的政策主張，英國政府的回應則是無法確保蘇格蘭獨立後是否能繼續維持現狀，享受英國廣播公司的節目服務。蘇格蘭政府表示，蘇格蘭獨立後若欲使用英國廣播公司的服務，應與英國廣播公司進行商業協商，而非由英國政府決定此事。英國文化部長米勒（Maria Miller）

指出，英國廣播公司是英國「皇冠上的一顆明珠」，蘇格蘭於獨立公投中投票離開英國，等同投票離開英國的制度，包括英國廣播公司（Plunkett, 2014）。因此，獨立後的蘇格蘭將失去英國廣播公司（*Ibid.*）。前英國廣播公司信託委員彼特（Jeremy Peat）則表示，獨立後的蘇格蘭享受英國廣播公司需要很多的協商，且蘇格蘭的觀眾可能無法免費並自由享受英國廣播公司的服務（BBC News, 2014e）。

十三、國民健保政策

英國的國家健保服務（National Health Service，簡稱 NHS），即為英國的國民健保，其經費主要來自全國中央稅收。英國的國家健保服務自1948年設立至今，英國納稅人及在英國有居住權的民眾，皆享有使用該體系服務的權利。英國的國家健保服務，旗下包括四大系統，即英格蘭國家健保服務、北愛爾蘭保健與社會服務、蘇格蘭國家健保民服務、以及威爾斯國家健保服務，且該四大系統各自獨立運作。

1999年蘇格蘭獲得英國中央政府的權力下放，蘇格蘭國家健保服務的管理權力，自此從英國中央政府的蘇格蘭事務部移轉下放到蘇格蘭政府。英國的國家健保服務雖有其為人詬病的弊病，例如效率及財務困境，但該體系強調公共服務的平等與福利精神，使其成為英國社會福利的一項重要制度。

蘇格蘭政府關於國家健保服務的政策主張，主要有三。首先，由於國家健保民服務的權力已下放至蘇格蘭政府，且已獨立運作多年，蘇格蘭政府主張，獨立後該項體系將維持不變。獨立後的蘇格蘭，亦繼續享有目前蘇格蘭與英國其他地方的跨境國家健保服務（Scottish Government, 2013a: 171-172）。

其二，蘇格蘭政府指出，國家健保服務的權力下放使蘇格蘭政府有機

會證明，蘇格蘭能夠對蘇格蘭民眾的健康與保健做出穩健改善。同時，蘇格蘭政府亦能堅持國家健保服務的公共服務精神，以符合國家健保服務的價值，並以蘇格蘭人民的福祉為優先（*Ibid.*, 170）。舉例而言，權力下放後蘇格蘭已推行的國家健保服務，如公共場所禁菸、處方費用免費、老人照顧等。此外，蘇格蘭政府亦批評，英國政府計畫將國家健保服務轉由私人營運，將導致社會照顧的不公平性（*Ibid.*）。

其三，蘇格蘭政府指出，蘇格蘭獨立後將享有完全的國家權力，可以於目前的健康與社會照顧基礎上，進一步促進蘇格蘭人民的健康及福利，例如推行菸酒管制、肥胖或不良飲食稅捐等政策，以改善國民健康（*Ibid.*, 172）。

反對獨立的「續留英國」組織主張，維持現狀蘇格蘭能夠享受較好的國家健保服務，其主要理由有以下五點。首先，蘇格蘭國家健保服務的權力，目前已下放至蘇格蘭政府（Better Together, 2014i: 2）。其二，獨立後蘇格蘭的國家健保服務將失去廣大英國納稅人的稅收利基，加上人口老化及醫療照顧成本的不斷提升，種種因素將對蘇格蘭國家健保服務的財源構成挑戰（*Ibid.*, 3）。其三，「續留英國」組織認為，獨立後蘇格蘭失去英國的經濟支撐，將面臨削減政府支出或加稅的財政困境，國家健保服務的預算亦恐受到刪減（*Ibid.*）。蘇格蘭獨立後，蘇格蘭與英國的跨境國家健保服務將受到影響，原本免費的跨境國家健保服務將出現不確定性。

其四，有些成本昂貴的特殊醫療，從原先人口較多的英國變成由人口較少的蘇格蘭獨立提供，顯得較不經濟（*Ibid.*, 4）。最後，蘇格蘭醫學研究的成果優異且聞名世界，長期以來獲得英國政府的經費挹注。舉例而言，蘇格蘭人口占英國人口的8.4%，但獲得約13%的英國醫學研究經費（*Ibid.*, 5）。蘇格蘭獨立後將失去英國政府的經費支持與合作環境，對蘇格蘭的醫學研究將造成不利影響。英國14名頂尖醫學學者專家共同發表聯

名公開信，主張獨立將減損蘇格蘭的研究經費，並強調蘇格蘭續留英國對
蘇格蘭的醫學研究發展較爲有利。公開信中，這些學者專家亦質疑，蘇格
蘭政府提出獨立後將與英國成立一個新的共同研究經費區域，該計畫是
「充滿困難」且「不可能實現」（Carrell, 2014b）。

十四、邊境政策

蘇格蘭政府於獨立白皮書中指出，獨立後將繼續留在英國與愛爾蘭等
會員國組成的共同旅遊區（Common Travel Area, CTA），因此蘇格蘭與英
國之間不需邊境管制，人員可以自由通行（Scottish Government, 2013a：
269）。共同旅遊區於1923年設立迄今，區域範圍涵蓋愛爾蘭、英國、曼
島、澤西島，以及根西島。蘇格蘭政府認爲，共同旅遊區的彈性可以使蘇
格蘭「設計並執行一個受到監管但具彈性的移民體系」（*Ibid.*）。此外，
蘇格蘭政府亦主張，身爲歐盟的會員國，蘇格蘭將依照歐盟條約的相關規
定對歐盟成員國公民開放邊境，蘇格蘭人亦享有於歐盟境內自由遷徙的權
利（*Ibid.*）。

英國政府對於蘇格蘭政府的獨立後邊境政策，提出諸多批評。英國政
府認爲，蘇格蘭希望獨立後維持現狀，享受與英國之間不需邊境管制的自
由流通與便利，有其先決條件。一方面蘇格蘭目前爲英國的一部分，自然
享有共同旅遊區的好處，而一旦蘇格蘭從英國獨立出去，亦同時脫離共同
旅遊區。蘇格蘭獨立後，需要重新與英國及其他「旅遊共同區」的成員國
協商，方能加入旅遊共同區（UK Government, 2014a: 7-8）。

另一方面，蘇格蘭若欲加入歐盟，將需與歐盟會員國協商並取得會
員國一致同意。而加入歐盟的新成員國，將被要求加入申根區。倘若蘇格
蘭成功加入申根區，但英國目前取得歐盟申根區的退出權，故蘇格蘭於此
情況下無法與非申根區的英國組成共同旅遊區。倘若蘇格蘭希望保有歐盟

會籍又加入共同旅遊區，則需與歐盟其他會員國協商，以取得歐盟申根區的退出權（*Ibid.*, 6-7）。因此，蘇格蘭希望同時加入共同旅遊區以及申根區，變成一種難以兩全的選擇。此外，包括旅遊共同區、歐盟、申根區、以及申根區退出權的協商過程皆曠日廢時，並存在諸多不確定性。因此，蘇格蘭的邊境政策希望與英國繼續保持人員自由遷徙，實際上束縛重重。

十五、移民政策

近年來英國政府的移民政策不斷緊縮，相對於此，蘇格蘭政府主張獨立後將採行更爲寬鬆的移民政策。由於蘇格蘭的人口增長率較英國低，蘇格蘭政府對移民表示歡迎。蘇格蘭獨立白皮書中，蘇格蘭政府提出的移民政策要點有三。首先，英國政府近年來希望減少移民，針對大部分的移民設立移民申請的財力門檻，而蘇格蘭政府計畫，獨立後將調降移民申請的財力門檻及最低薪資水準，以吸引移民申請者（Scottish Government, 2013a: 270）。其次，針對英國政府於2012年取消的學成後工作簽證（post-study work visa），亦即外國學生取得大學以上學歷後可停留英國就業兩年的簽證，蘇格蘭政府計畫獨立後重新恢復這項簽證，以鼓勵外籍學生至蘇格蘭求學及工作，並促進地區經濟和多元社會的發展（*Ibid.*）。

最後，蘇格蘭強調其對國際法、人權、社會正義的尊重，因此對申請庇護者表示歡迎。蘇格蘭政府指出，英國政府近年對申請庇護者或難民採取侵略性的政策途徑，例如刊登廣告要求難民離開英國，蘇格蘭則將採取與英國政府不同的政策方式。蘇格蘭將設立蘇格蘭庇護署（Scottish Asylum Agency），對申請庇護者及難民提供健全與人道的申請程序，並提供難民就業、教育、與居住的管道（*Ibid.*, 269, 271）。

英國政府對於蘇格蘭政府的獨立後移民政策，提出反駁。英國政府指出，蘇格蘭透過較爲開放的移民政策以增加人口增長，可能會吸引到低

技術或無技術的移民。此外，蘇格蘭較爲寬鬆的移民政策，與英國及愛爾蘭較爲嚴格的移民政策相異，移民政策的不一致性恐將對蘇格蘭申請加入共同旅遊區造成影響（UK Government, 2014a: 9）。再者，英國政府亦補充，移民會老化，因此增加移民以減緩人口老化，有其局限（*Ibid.*, 46）。

十六、公民身分及護照政策

蘇格蘭政府主張，獨立後慣常居於蘇格蘭的英國公民，以及出生於蘇格蘭但居住在蘇格蘭以外地區的英國公民，皆自動視爲蘇格蘭公民。此外，其他人亦可申請成爲蘇格蘭公民，包括其父母或祖父母之一方爲蘇格蘭公民，與蘇格蘭有關且於蘇格蘭居住至少十年，以及具有合格簽證並欲歸化爲蘇格蘭公民的移民 （Scottish Government, 2013a: 270-272）。此外，所有蘇格蘭公民皆有權取得蘇格蘭護照。蘇格蘭護照的格式將按照目前歐盟會員國護照的模式，並大致仿照目前英國護照的顏色、大小及設計，且封面上印有「蘇格蘭護照」字眼（*Ibid.*, 273）。目前英國承認雙重或多重國籍，蘇格蘭獨立後將採行雙重國籍。

針對蘇格蘭的公民政策和護照政策，英國政府則提出多項質疑及建議。在蘇格蘭公民身分方面，首先英國政府指出，蘇格蘭對公民身分的認定，採取一種寬廣模式，包括慣常居住或出生於蘇格蘭的英國公民，皆可自動取得蘇格蘭公民身分。這將出現一個問題，亦即生活在蘇格蘭但來自英國其他地方的移民，不論他們如何選擇皆會成爲蘇格蘭公民（UK Government, 2014a: 59）。

其次，根據英國國籍法的規定，居住於海外的英國公民其下一代仍可繼承英國公民身分，但繼承僅限一代，下一代之後的子孫，則無法繼承英國公民身分。由於許多英國公民居住於蘇格蘭，蘇格蘭獨立後這些居住於

蘇格蘭的英國公民的下一代，其子孫將失去英國公民身分。英國政府因此質疑，此種情況將「對個人及家庭引起複雜而困難的議題」（*Ibid.*）。舉例而言，根據2001年蘇格蘭政府的統計，出生於英格蘭但居住於蘇格蘭者約有408,498人，相關數據請參閱表3-6。

　　此外，英國政府指出，蘇格蘭獨立後，英國政府與蘇格蘭政府需進行協商，決定英國公民享有的福利，例如護照及領事服務是否適用居住在蘇格蘭的英國公民（*Ibid.*, 60）。英國政府亦批評，蘇格蘭政府並未就蘇

表3-6　蘇格蘭居民的出生地統計

	生活於蘇格蘭
出生於以下地區：	
蘇格蘭	4,410,400
英格蘭	408,948
北愛爾蘭	33,528
威爾斯	16,623
英國（未確定地區）	941
愛爾蘭共和國	21,774
愛爾蘭（未確定地區）	35
海峽群島	1,620
歐盟會員國	41,836
非歐盟會員國	126,306
總數	5,062,011

資料來源：Scottish Government（2009b: 15）
註：本項統計資料為蘇格蘭政府2001年所做的人口普查結果。

格蘭公民的權利與責任，例如投票權與工作權等，進一步做出界定（*Ibid.* 62）。

　　由於蘇格蘭擁有廣大移居國外的海外蘇格蘭人（diaspora），以及蘇格蘭政府對海外蘇格蘭人的友好，英國政府建議，蘇格蘭政府需就海外蘇格蘭人是否享有蘇格蘭公民身分及其影響進一步考慮。根據2011年的統計，於蘇格蘭出生但居住於蘇格蘭以外地區的海外蘇格蘭人約有1,151,467人，占蘇格蘭出生人口的20.7%（*Ibid.*, 71）。關於海外蘇格蘭人的國家分布統計，請參閱表3-7。此外，蘇格蘭政府計畫使海外蘇格蘭人的後代，

表3-7　海外蘇格蘭人的國家分布統計

	出生於蘇格蘭
生活於以下地區：	
蘇格蘭	4,410,400
英格蘭	794,577
澳大利亞	130,204
美國	73,625
加拿大	50,942
紐西蘭	29,016
威爾斯	24,389
愛爾蘭共和國	16,863
南非	11,160
香港	1,459
挪威	1,343
丹麥	1,117
總數	5,561,867
移居海外的蘇格蘭人	1,151,467

資料來源：Scottish Government（2009b: 14）
註：本項統計資料為蘇格蘭政府2001年所做的人口普查結果。

享有蘇格蘭公民身分。由於海外蘇格蘭人的人數眾多，根據英國政府估計，依照這項計畫提出申請蘇格蘭身分的人數，可能會相近於或超過蘇格蘭目前的人口（*Ibid.,* 72）。

再者，倘若蘇格蘭獨立後仍為歐盟會員，這些移居國外的蘇格蘭公民將同時具有歐盟公民身分，並可於歐盟定居（*Ibid.,* 72-73）。英國政府因此建議，蘇格蘭政府應針對人數眾多的海外蘇格蘭人取得蘇格蘭公民身分的相關影響，做出審慎分析及決定。

另一方面，就護照簽證及領事服務部分，英國政府主張，蘇格蘭獨立後將不會自動繼承英國與其他國家達成的免簽證協議，蘇格蘭需要與其他國家進行個別協商以達成協議（*Ibid.,* 60）。目前英國於全球170個國家提供英國公民領事服務，蘇格蘭獨立後亦需決定如何提供蘇格蘭公民海外領事服務。蘇格蘭獨立白皮書指出，「蘇格蘭願意和其他國家，特別是英國，共同分享海外領事機構的設點」（Scottish Government, 2013a: 230）。海外領事機構共同設點的這項提議，亦需與英國政府進行協商。有關蘇格蘭獨立公投政策及爭議，請參閱表3-8。

表3-8　蘇格蘭獨立公投政策及爭議

政策領域	蘇格蘭政府的獨立主張	英國聯盟派的主張
1.國家元首	保留英王為蘇格蘭國家元首	尊奉英王為英國國家元首
2.經濟政策	獨立後蘇格蘭將能掌握並善用所有的資源，享有更好的經濟發展。	續留英國蘇格蘭將享有更好的經濟發展，脫離英國蘇格蘭將面臨刪減公共支出及加稅挑戰。
3.貨幣政策	續用英鎊	反對蘇格蘭續用英鎊
4.國防政策	移除核武器，保有北約會籍，以及強化蘇格蘭國防力量。	移除核武器花費高昂且曠日廢時。蘇格蘭獨立後無法享受英國的國防安全與外交優勢，且較小國家於國際事務上對聯盟國家的依賴較高。英國軍力將受到減損，並連帶影響蘇格蘭國防及造船業。

表3-8　蘇格蘭獨立公投政策及爭議（續）

政策領域	蘇格蘭政府的獨立主張	英國聯盟派的主張
5.外交政策	建立屬於蘇格蘭的外交與國際關係。	蘇格蘭續留英國，擁有較佳的外交與國際關係。
6.歐盟會籍	希望透過與歐盟及會員國協商，繼續保有歐盟會籍。	蘇格蘭獨立後需重新申請加入歐盟。
7.能源政策	擁有蘇格蘭的石油及天然氣收益。	蘇格蘭擁有石油及天然氣收益，但不認為蘇格蘭財政會更好。
8.福利政策	廢除英國臥房稅、統一福利及個人獨立津貼。	英國現行的福利政策較為單純，並能提供可靠的保障。
9.退休金政策	繼續施行現有制度，並改革國家退休金（提出國家退休金三重保障與單一層級退休金等計畫）和職業及個人退休金。	英國現行的退休金體系較能提供可靠的保障。
10.幼兒照顧政策	增加免費幼兒照顧服務。	認為蘇格蘭提出的幼兒照顧政策過於複雜，且財政上將無法負擔。
11.高等教育政策	繼續對蘇格蘭學生提供免費高等教育。	獨立後蘇格蘭將依照歐盟法律，對英國學生提供免費高等教育。
12.廣播政策	設立蘇格蘭廣播公司並與英國廣播公司維持合作關係，繼續享用英國廣播公司的服務。	蘇格蘭獨立後是否能繼續享用英國廣播公司的服務，將視未來蘇格蘭與英國廣播公司的協商而定。
13.國家健保政策	目前蘇格蘭的國家健保服務將繼續運作。	獨立後，蘇格蘭的國家健保服務的經費來源、服務及未來發展，將受到減損。
14.邊境政策	獨立後蘇格蘭續留共同旅遊區，蘇格蘭與英國之間不需邊境管制，人員可自由通行。	蘇格蘭獨立後，需與英國協商並重新加入共同旅遊區，並取得申根區的選擇退出權，方能享有共同旅遊區的自由通行權利。
15.移民政策	獨立後將採行更為寬鬆的移民政策。	英國政府傾向於採行較為緊縮的移民政策。
16.公民身分及護照政策	獨立後，慣常居住於蘇格蘭的英國公民，以及出生於蘇格蘭但居住在蘇格蘭以外地區的英國公民，皆自動視為蘇格蘭公民。所有蘇格蘭公民有權取得蘇格蘭護照。	蘇格蘭的公民身分政策，將對居住於蘇格蘭的英國公民，其英國公民的身分、身分繼承以及福利產生影響，因此蘇格蘭需與英國政府就這些議題進行協商。此外，蘇格蘭無法繼承英國與其他國家的免簽證協議。

資料來源：作者整理。

第三節　結語

　　綜論之，蘇格蘭獨立白皮書爲獨立後的蘇格蘭，提出厚實詳盡的國家規畫與政策願景。然而，蘇格蘭獨立白皮書提出的政策主張，呈現四項主要局限。第一，蘇格蘭獨立白皮書的諸多政策，例如前述的保留英鎊，續留歐盟，繼續享用英國國家廣播公司的服務，續留公共旅遊區等政策，顯得過於一廂情願。舉例而言，2014年3月英國財政部長歐斯本（George Osborne）與財政部首席祕書亞歷山大（Danny Alexander）共同發表聲明表示：「獨立後不會有貨幣聯盟。保留英鎊的唯一方式是留在英國，離開英國亦即離開英鎊」（BBC News, 2014d）。蘇格蘭獨立後的頗多政策，顯得過於主觀與自信。

　　第二，蘇格蘭獨立白皮書的財政規畫是否能落實，亦爲未定之數。蘇格蘭政府認爲，獨立後的蘇格蘭將擁有財政自主及更多的財政收入，將可藉以支持蘇格蘭提出的政策主張，例如福利政策與幼兒照顧政策。由於蘇格蘭人口老化，以及北海石油收益的不穩定性，使得獨立後蘇格蘭的財政收支前景，仍充滿變數。此外，蘇格蘭政府主張，獨立後將進行減稅，對蘇格蘭的財政收入構成挑戰。

　　根據英國獨立的財政研究機構（IFS）指出，獨立後的蘇格蘭將面臨國民所得1.9%的財政缺口，而英國的財政缺口則爲國民所得的0.8%。獨立後的蘇格蘭將需減縮政府支出或增稅（Institute for Fiscal Studies, 2013: 47）。財政研究機構亦指出，蘇格蘭獨立後的財政收支仍需根據獨立後的實際情況做整體分析，包括蘇格蘭與英國的債務分擔比例、人口年齡、石油收益的變化、移民的比率等因素（Ibid.）。蘇格蘭對於獨立後的財政預估，顯得過於樂觀且存在變數。獨立後的蘇格蘭政府，是否能擁有平衡的財政收支，以滿足其需要巨額費用的政策主張與政府組織建設，有待未來

實際檢驗。

第三，蘇格蘭獨立白皮書提出的政策主張，尚需與多方協商討論方能實現，並非僅蘇格蘭單方面決定即可施行。由於蘇格蘭與英國於政治、經濟、社會等層面的緊密關係，蘇格蘭的許多政策主張，例如移除核武，共享英國廣播公司的資源與服務，退休金政策改革，繼續維持與英國的跨境國家健保服務，與英國的邊境管制合作，共同分享海外領事機構的設點等，皆需與英國政府相關單位進行繁複的協商，方能取得政策共識。

第四，蘇格蘭的許多政策主張受到目前英國中央政府政策的影響，缺乏蘇格蘭政府自行規畫的政策主張及願景。舉例而言，蘇格蘭獨立白皮書的主要福利政策，乃針對現行英國中央政府的福利政策進行改革，例如上述的臥房稅、統一福利金、個人獨立津貼等。批評者認為，蘇格蘭政府應根據蘇格蘭的財政與經濟狀況，提出全面的蘇格蘭福利政策，以符合蘇格蘭的未來發展。蘇格蘭的移民政策，則計畫恢復遭英國政府取消的學成後工作簽證。蘇格蘭亦批評英國近年逐漸緊縮的移民和難民庇護政策，而提出較為開放的移民及難民庇護政策，以突顯蘇格蘭與英國政府的政策區隔。

針對蘇格蘭政府提出的獨立後政策，反對獨立陣營予以一一反駁。獨立公投的政策辯論，演變成贊成與反對獨立的兩方陣營之間的各說各話，兩方陣營分別提出各種數據與分析試圖說服選民。根據民調顯示，獨立後蘇格蘭的經濟如何進展，將是決定選民如何投票的重要因素（BBC News, 2014n）。贊成與反對獨立的兩方陣營，分別強調獨立後以及續留英國的經濟好處。蘇格蘭政府指出，獨立後蘇格蘭每位民眾將可獲得一年1,000英鎊的經濟利益。英國政府則指出，續留英國，蘇格蘭每位民眾可享受每年1,400英鎊的經濟獲利。雙方陣營分別駁斥對方提出的數據，蘇格蘭政府首席大臣薩蒙德批評英國財政部的估算「破碎不全」，而財政部首

席秘書亞歷山大則指責蘇格蘭政府官員提供選民「偽造的紅利」（BBC, 2014h）。

面對兩方陣營截然不同的統計數據與分析預測，一般選民實難以判斷何者爲是，何者爲非。選民對於兩方陣營提出的政策無法理性判斷之餘，只好訴諸獨立公投的情感偏好，包括民族認同、政黨傾向等。蘇格蘭的獨立公投對選民而言，因此亦爲理性與感性的糾葛與抉擇。蘇格蘭文學家史考特（Walter Scott）嘗云，在腦中他是一位漢諾威人，在心中他是一位賈克賓人（Sutherland, 2012）。這種身在曹營心在漢的心境，常被用以形容蘇格蘭與英格蘭合併後，蘇格蘭人首在英國、心在蘇格蘭的「首心離兮」矛盾之情。此外，蘇格蘭文學評論家史密斯（G. Gregory Smith）於其著作《蘇格蘭文學、特質、與影響》（*Scottish Literature, Character and Influence*）一書中指出，蘇格蘭文學及心理的一項特質，亦即所謂的「喀里多尼亞反融合體」（Calendonia Antisyzygy）。這樣的特質使蘇格蘭人擺盪於嚴格的現實主義，以及無邊無際的幻想之間（Smith,1919），而呈現一種理性與感性無法融合交集的矛盾情結。

面對這個歷史性的時刻，蘇格蘭人會做出理性或感性的選擇？或是徘徊在理性思考與感性判斷的矛盾之間？抑或如英國首相卡麥隆和蘇格蘭政府首席大臣薩蒙德所言，蘇格蘭獨立是一場頭與心、理智判斷與怦然心動的綜合論戰？蘇格蘭的獨立公投，提供獨立或維持現狀的兩個選擇，並激起贊成與反對獨立兩方陣營的激烈辯論。對於蘇格蘭人而言，這些抉擇背後雜揉許多層面的對立與矛盾，例如歷史、民族情感、國家認同、文化、經濟等。倘若蘇格蘭人透過此次公投，能夠思考整合這些面向的異同後做出選擇，不管是獨立或續留英國，對蘇格蘭而言，都將是一種對立與矛盾的自我超越。

第四章
民族主義與國家認同

　　蘇格蘭政府相信，獨立後的蘇格蘭將成爲更民主、繁榮、公平的國家。英國政府則主張，續留英國較之於獨立，能夠提供蘇格蘭更好的保障與發展。蘇格蘭與英國政府針對獨立後的政策，彼此針鋒相對。贊成與反對蘇格蘭獨立的主張，聚焦於獨立後的政策爭議之外，亦雜揉民族主義與國家認同的紛紜議題。

　　蘇格蘭贊成獨立的主因之一，即爲蘇格蘭的民族主義與國家認同。蘇格蘭與英格蘭合併前爲一個獨立的國家，擁有悠久的歷史與文化。蘇格蘭的民族亦不同於英國其他民族。蘇格蘭擁有的「蘇格蘭性」（Scottish-ness），迥異於英國其他地區，並成爲蘇格蘭獨立的重要基礎。英國反對蘇格蘭的主張中，英國的民族主義與國家認同，亦爲重要原因。英國此一聯合王國，包括英格蘭、威爾斯、蘇格蘭、愛爾蘭四個地區。這些地區的民族與文化，彼此互異，但經過相互融合，已逐漸形成英國的國家認同。反對蘇格蘭獨立的聯盟派人士憂心，蘇格蘭的獨立，將對英國的國家認同與凝聚造成衝擊，破壞好不容易建立起來的「英國性」（Britishness）。

　　所謂的「蘇格蘭性」與「英國性」，分別被視爲蘇格蘭及英格蘭民族主義與國家認同的象徵。「蘇格蘭性」與「英國性」這兩個概念，內涵抽象，範圍廣泛，包含蘇格蘭與英國的民族、文化、政治、社會、地理等不同層面的認同及獨特性。一如學者畢霖（Michael Billing）提出的「凡常民族主義」（banal nationalism），將民族主義的內涵與焦點擴大至日常生活的各個層面，認爲民族認同意謂「擁有思考國家的各種方法」，並建立在「身體、法律、社會、以及情感」的基礎上（Billing，1995：8）。畢

霖的民族主義觀點，跳脫民族主義傳統上強調血緣、文化遺產、族群屬性等因素，而塑造了民族主義（Lafont, 1968；Smith, 1986）或是強調政治因素在民族形塑過程中的角色（Hobsbawm, 1983；Anderson, 1983 ），使民族主義的內涵得以擴大。

「蘇格蘭性」與「英國性」這兩個概念，雜揉民族以及國家的因素，其內涵隨著時間演變不斷擴大。「蘇格蘭性」的內涵近年來引起學界討論，學者紛紛從不同角度界定「蘇格蘭性」（Edensor, 1997；McCrone, 2001；Pittock, 2001）。舉例而言，學者黎斯（Murray Stewart Leith）將「蘇格蘭性」定義為「一種民族認同感」（a sense of national identity）（Leith, 2008: 84）。

「英國性」的概念近年亦引起各界熱烈討論。英國此一聯合王國，由英格蘭、威爾斯、蘇格蘭、愛爾蘭四個地區所組成，使得「英國性」的內涵與「蘇格蘭性」相較，更顯複雜。學界對「英國性」的概念內涵，亦莫衷一是。舉例而言，學者雅各布森（Jessica Jacobson）嘗試以公民、種族、文化三種界線，分析「英國性」（Jacobson, 1997）。學者凱利（Richard Kiely）、麥克龍（David McCrone）、與貝區霍弗（Frank Bechhofer）聚焦於地理疆界層面，藉以探討「英國性」的內涵，並主張「假定有一種單一且清楚的『英國性』定義，簡言之，是大有問題的一件事」（Kiely, McCrone, and Bechhofer, 2005: 65）。

「英國性」的討論亦成為英國政界近年熱烈辯論的主題。2006年具有蘇格蘭血統的英國首相布朗（Gordon Brown）針對「英國性」的未來發展，提出政策主張。布朗主張：「現代『英國性』植基於責任、自由、公平，我們因此需要一部新的憲法條約，以重視公民，重建市民社會，更新地方政府，幫助少數民族融合入現代英國，以及隨時秉持國際主義」（Borwn, 2006）。

承上所論，「蘇格蘭性」與「英國性」這兩個概念，雖然顯得模糊，但在蘇格蘭獨立公投的運動及討論中，卻成為贊成與反對蘇格蘭獨立的重要詞彙與主張，並重新引起討論及重視。本章的第一節與第二節，將分別從「蘇格蘭性」和「英國性」的角度，探討蘇格蘭和英格蘭的民族主義與國家認同。

第一節　蘇格蘭性

1707年蘇格蘭與英國合併之前，蘇格蘭為一獨立王國，蘇格蘭的民族主義與國家認同已經過長時間的發展，並受到其與英格蘭對抗的戰爭衝突歷史而不斷強化。蘇格蘭獨立白皮書中，蘇格蘭首相薩蒙德（Alex Salmond）不斷強調，蘇格蘭獨立運動背後之民族主義與國家認同的重要意涵。薩蒙德於蘇格蘭獨立白皮書的序言，便開宗明義點出蘇格蘭的國家歷史與民族驕傲：「蘇格蘭是古老的國家，我們擁有心靈手巧、創意十足的人民，令人屏息的美景，以及足智多謀的學者，並以此享譽名聲」（Scottish Government, 2013a: viii）。

此外，薩蒙德於序言中亦指出：「獨立的核心，並非關於政府或任何政黨，而是關於蘇格蘭人民的基本民主抉擇……這是我們的國家。這是我們的未來。這正是雙手緊握未來的時機」（*Ibid.*, viii-xi）。對薩蒙德領導的蘇格蘭政府而言，民族主義乃獨立主張的重要基石，同時也是最具渲染力，最能打動人心的政治訴求。

蘇格蘭的祖先可追溯至西元一世紀羅馬帝國時期，由歐洲大陸遷徙而來的皮克特人（Picts）。當時皮克特人居住於羅馬帝國不列顛行省以北的加勒多尼亞（Caledonia），亦即現今的蘇格蘭地區。西元五世紀時，來

自愛爾蘭的蓋爾人（Gales）於蘇格蘭西北定居下來，並被稱爲蘇格蘭人（Scoti）。西元九世紀時，爲了對抗來自北歐的維京人，皮克特人與蘇格蘭人被迫結束敵對並組成了蘇格蘭王國。皮克特人與蓋爾人皆屬於凱爾特族（Celtic），使蘇格蘭成爲凱爾特文明的分支。

蘇格蘭人作爲一個民族，擁有獨特而強烈的民族認同。蘇格蘭政府的官方網站上，描繪蘇格蘭人的特質爲「溫暖、歡樂、大方」，並謂蘇格蘭人的溫暖與友善舉世聞名（Scottish Government, 2014b）。根據學者赫曼（Arther Herman）指出，蘇格蘭人的傳統品行，包括「循規蹈矩，重視誠信，努力工作，以及精益求精」（Herman, 2003: 388）。

由於地理的分歧及歷史的發展，蘇格蘭分爲西北方的高地（Highlands）和東南方的低地（Lowlands），高地區多爲粗獷起伏的山脈，低地區則以相對平坦的丘陵地爲主。高地區的居民以凱爾特血統的蘇格蘭人爲主，同時亦爲蓋爾語使用的主要地區。低地區的住民主要爲盎格魯撒克遜人後代的蘇格蘭人，蘇格蘭語則爲當地使用的方言。蘇格蘭高地與低地的文化，大不相同。由於多數的低地人與英格蘭人同樣擁有盎格魯薩克遜血統，低地區的文化與英格蘭文化相近（Keating, 1996: 189）。高地區的文化則展現獨特的高地風情，包括蘇格蘭裙、方格紋、風笛、無邊呢帽等皆爲高地區民族的特色，演變至今成爲世人所熟悉的蘇格蘭象徵。根據學者基庭（Michael Keating）分析：「十九世紀起，隨著蘇格蘭人口的南遷，以及蘇格蘭意象（包括方格紋、蘇格蘭裙與風笛）擴散至蘇格蘭全境，高地與低地已出現一種共同的蘇格蘭認同」（Keating, 2009b: 41）。

蘇格蘭強烈的國家及民族意識源自蘇格蘭悠久的歷史、民族認同、文化傳統，並塑造出其特殊的「蘇格蘭性」。蘇格蘭於1999年舉行首次議會選舉後，民調顯示蘇格蘭的高度民族認同。根據統計，高達90%的蘇格蘭人對身爲蘇格蘭人感到非常或有些驕傲。至於使蘇格蘭人感到非常或有些

驕傲的事物及其獲得的認同比率，包括蘇格蘭風景（97%）、蘇格蘭音樂（82%）、蘇格蘭社群精神（82%）、方格紋（79%）、民族英雄華勒斯（79%）、以及蓋爾語（43%）（McCrone, 2001: 147）。

此外，依據2011年蘇格蘭人口普查，蘇格蘭保有鮮明的民族認同。普查結果顯示，83%的蘇格蘭人同意自己有「某種蘇格蘭民族認同」（some Scottish national identity），62%的蘇格蘭人則認同自己為「蘇格蘭人」（Scottish only），只有18%的蘇格蘭人認同自己為「蘇格蘭及不列顛人」（both Scottish and British）（National Records of Scotland, 2011）。

2012年英國民調機構YouGov依據蘇格蘭熟悉的具體事務，調查蘇格蘭人對蘇格蘭的國家及民族認同。就國家認同而言，84%的蘇格蘭民眾認同蘇格蘭國旗（聖安德魯字旗）與愛國主義及驕傲有關；58%的蘇格蘭人則認同蘇格蘭國旗與現代、多元的蘇格蘭有關（British Future, 2012: 5）。民族認同層面而言，蘇格蘭人的民族驕傲感中，包含蘇格蘭傳統與現代文化的代表事務。舉例而言，96%的蘇格蘭人認為，蘇格蘭高地使人感到身為蘇格蘭人是非常驕傲的。其他引起蘇格蘭人民族驕傲感的事物及其獲得的認同比率，包括蘇格蘭首府愛丁堡市（86%）、愛丁堡藝術節（84%）、蘇格蘭詩人彭斯（84%）、蘇格蘭的本尼維斯山（Ben Nevis）、蘇格蘭傳統食物哈吉斯（haggis）（68%）、以及蘇格蘭方言蓋爾語（*Ibid.*）。

蘇格蘭擁有獨特而鮮明的「蘇格蘭性」，但蘇格蘭與英格蘭合併後發展至今，在語言、民族方面已出現本土語言的弱化，以及多元民族的社會發展，「蘇格蘭性」因此遭到衝擊與改變。以下分別探討之。

一、蘇格蘭本土語言的沒落

當代蘇格蘭使用的語言中，英語已成為主要的語言。然而，除了英語

之外，蘇格蘭的本土語言，包括蓋爾語（Scottish Gaelic）以及蘇格蘭語
（Scots），與英語同爲蘇格蘭三大語言。蘇格蘭語及蘇格蘭蓋爾語，爲
蘇格蘭的重要文化傳統，保存著蘇格蘭人的民族認同與情感。面對英語的
強勢發展，蘇格蘭語和蘇格蘭蓋爾語的影響力逐漸沒落。因此，一如學者
基庭指出，蘇格蘭民族認同及民族主義運動失去了語言的基礎（Keating,
1996: 190）。

　　蘇格蘭蓋爾語，由西元五世紀來自愛爾蘭的蓋爾人傳入，屬於凱爾特
語系。目前使用蘇格蘭蓋爾語的蘇格蘭人多集中於蘇格蘭高地，故亦稱高
地蓋爾語。蘇格蘭語則爲蘇格蘭的另一種語言，亦爲蘇格蘭多種各地方言
的總稱。蘇格蘭語的起源可追溯至西元六世紀，當時盎格魯人將其語言帶
入蘇格蘭（Scots Language Centre, 2014）。蘇格蘭語與英語同屬日耳曼語
系，蘇格蘭語一開始與英格蘭的英語近似，互爲姐妹語（sister tongue），
後來逐漸發展爲獨特的蘇格蘭語（Ibid.）。蘇格蘭語的主要使用地區，包
括蘇格蘭低地及北方島嶼（Ibid.），故亦稱爲低地蘇格蘭語。蘇格蘭語在
歷史上曾爲蘇格蘭的官方語言，但1707年蘇格蘭與英格蘭合併後，英語取
而代之成爲蘇格蘭的官方語言。

　　蘇格蘭蓋爾語和蘇格蘭語皆爲「蘇格蘭性」（Scottishness）的獨特
象徵，但這兩種語言在蘇格蘭境內的影響力，遠不及英語，並面臨逐漸
消退的困境。根據2011年蘇格蘭人口普查，蘇格蘭僅有1.4%的人口不會
使用英語，92.6%的蘇格蘭人在家使用的語言爲英語（National Records of
Scotland, 2011）。蘇格蘭蓋爾語和蘇格蘭語的使用人數則相對稀少。一
方面，蘇格蘭使用蘇格蘭蓋爾語的人口僅爲1.1%，與2001年人口普查調
查結果的1.2%相較，小幅下降（Ibid.）。在蘇格蘭能夠說蘇格蘭蓋爾語的
人口約58,000千人，而蘇格蘭在家使用蘇格蘭蓋爾語的人口比率僅爲0.5%
（Ibid.）。另一方面，根據2011年的普查結果，僅有1.1%的蘇格蘭人在家

使用蘇格蘭語（*Ibid.*）。此外，普查亦發現38%的蘇格蘭人能夠聽或說或讀或寫蘇格蘭語，而有30%蘇格蘭人能夠說蘇格蘭語（*Ibid.*）。

面對蘇格蘭蓋爾語和蘇格蘭語逐漸弱勢化的發展，蘇格蘭政府乃積極推動語言保護的相關政策，希望藉此保存蘇格蘭傳統與現代文化的重要根基。蘇格蘭政府近年來，積極推動蘇格蘭語和蘇格蘭蓋爾語的語言教育和保存運動，但這兩種語言於蘇格蘭的使用情況，仍不見大幅好轉。

蘇格蘭語及蘇格蘭蓋爾語，皆已成為聯合國教科文組織（United Nations Educational, Scientific, and Cultural Organization, UNESCO）所定義的瀕危語言（endangered language）。聯合國教科文組織將瀕危語言的危險程度列為四級，包括不安全型、肯定瀕危、嚴重瀕危、以及極度瀕危。根據聯合國教科文組織，蘇格蘭語被評為不安全型的瀕危語言，而蘇格蘭蓋爾語則為肯定瀕危的瀕危語言（UNESCO, 2010），足見這兩種語言於蘇格蘭的發展已受到嚴重挑戰。

二、多元民族的發展

蘇格蘭的種族以凱爾特人後裔的蘇格蘭人為主，隨著全球化下人口流動的趨勢，近代蘇格蘭的外來移民不斷增加，使蘇格蘭成為一個多元種族的社會。根據最新的蘇格蘭人口普查，2011年蘇格蘭人口中約有92%的蘇格蘭人為英國白人（White British），4%為非英國白人（White Non-British）。此外，約有4%為少數民族（Minority Ethnic）人數約為21萬人，相較於2001的蘇格蘭人口普查，當時蘇格蘭人口中僅有2%為少數民族，人數約為10萬人（Scottish Government, 2014c: 5）。

蘇格蘭少數民族中，亞洲人（Asians）的人數最多，約占蘇格蘭人口的2.7%，與2001年時1.4%的比率相較，增加了近一倍（*Ibid.*, 8）。其他的少數民族，包括非洲人、加勒比海人、黑人占蘇格蘭人口的比率，亦較

十年前增加了四倍（*Ibid.*, 7）。混血及多重種族的非白人族群（Mixed or Multiple Groups），以及其他非白人的少數族群（Other Ethnic Groups），占蘇格蘭人口的比例亦有所增加（*Ibid.*）。

隨著歐盟會籍的擴大，特別是2004年的歐盟擴大增加了十個東南歐國家。此次加入的新成員國其經濟發展程度與歐盟其他國家相較，顯得較為弱勢，因此許多新成員國的勞工，紛紛移民至歐盟經濟發展較好的國家，形成一股移民潮。以蘇格蘭為例，根據統計2004至2006年間，約有27,000名來自歐盟新成員國的移民，其中又以波蘭人的人數最多約為20,000人（Pittock, 2013: 182）。2011的蘇格蘭人口普查顯示，蘇格蘭的波蘭裔居民的人數為61,201人，居蘇格蘭非英國白人的移民中人數最多的族群（Scottish Government, 2014c: 6）。

此外，蘇格蘭的外來移民中，愛爾蘭人亦為人數眾多的移民族群。愛爾蘭十九世紀發生饑荒，愛爾蘭人因此大舉移民海外。由於地理位置鄰近，大量愛爾蘭人移居蘇格蘭，並對蘇格蘭的民族組成帶來改變。根據人口普查，1841至1851年間，蘇格蘭的愛爾蘭人口增長90%。1841年愛爾蘭出生的人口占蘇格蘭人口的4.8%，1851年愛爾蘭出生的人口占蘇格蘭人口比率攀升至7.2%，較英格蘭及威爾斯的愛爾蘭出生人口比率2.9%為高（Education Scotland, 2014c）。根據2011的蘇格蘭人口普查顯示，蘇格蘭的愛爾蘭裔居民人數為54,090人，僅次於波蘭裔移民的人數，為蘇格蘭非英國白人移民之中第二大的族群（Scottish Government, 2014c: 6）。

隨著移民的增加，蘇蘭格逐漸成為一個多元族群不斷發展的社會，當代蘇格蘭人的認同因此需要重新定義。1995年「新蘇格蘭人支持獨立」（New Scots for Independence）以及「亞裔蘇格蘭支持獨立」（Asian Scots for Independence）等組織的成立，蘇格蘭的少數民族開始認同並支持蘇格蘭的獨立訴求（Pittock, 2013: 172）。2006年蘇格蘭國家圖書館的一場展

覽以「新蘇格蘭人」（New Scots）爲名，「新蘇格蘭人」（New Scots）
這個詞彙便隨之普遍使用（*Ibid.*, 173）。「新蘇格蘭人」最早指涉大英國
協的移民，現在則指稱蘇格蘭的新移民。

　　阿瑪德（Bashir Ahmad）爲近代「新蘇格蘭人」的著名人物，並爲史
上第一位亞裔蘇格蘭議會議員（Member of Scottish Parliament, MSP）。阿
瑪德出生於印度阿姆利則（Amritsar），但對蘇格蘭擁有高度的民族與國
家認同，並主張蘇格蘭獨立。阿瑪德曾表示：「你從何而來並不重要，但
我們以一個國家一起要往何去，才至爲重要」（Ahmad, 1995）。

　　由於蘇格蘭多元族群的發展，蘇格蘭的文化綻放出多彩多姿的風貌。
學者克雷格（Cairns Craig）指出，由於蘇格蘭擁有相當大的內部文化的
差異，蘇格蘭在歷史上從未能被描述爲「有機」或「單一」的文化（Mc-
Crone, 2001: 144；Craig, 1996）。學者克雷格並指出，二十世紀後半葉，
蘇格蘭的多元文化獲得解放。他表示：「雙語主義、雙元文化主義、以
及分歧傳統的繼承，在二十世紀後半葉成爲創意的來源而非限制，蘇格
蘭不再須以心理及文化上的單一民族傳統『基準』衡量自我」（Craig,
1990: 7）。

　　隨著現代社會的開放和變遷，蘇格蘭的政黨及政治人物亦嘗試以更
爲寬鬆的角度，重新定義蘇格蘭人的族群認同。學者黎斯的研究發現，
蘇格蘭民族黨（Scottish National Party, SNP）自1970至2005年的政黨宣言
中，其所呈現的「蘇格蘭性」有所變化，從「某種程度的民族取向及有
時排外」（somewhat ethnic and occasionally exclusive），轉變至「公民取
向與包容」（civic and inclusive）（Leith, 2008: 83-84）。以2005年的蘇格
蘭民族黨政黨宣言爲例，宣言中很少直接提到人民（people）、蘇格蘭人
（Scots）或蘇格蘭民族（Scottish nation）等具有排外性民族主義涵義的語
彙。相反地，宣言中提到蘇格蘭人時，使用較爲一般的詞彙，例如蘇格蘭

納稅人（Scottish taxpayers）、每個人（everyone）或教育良好的人民（a well-educated population）（*Ibid.*, 89）。蘇格蘭民族黨黨魁薩蒙德亦嘗試用一種較為寬闊的角度界定蘇格蘭人。他認為保守黨人士主張的「英國性」顯得「狹窄、枯燥、無趣」，相反地，其所主張的「蘇格蘭性」則是「包容、多元、令人興奮的」（Salmond, 2006）。

如前所述，「蘇格蘭性」出現這種強調公民而非民族意涵的趨勢，然而，根據研究指出，這種變化並未臻成熟（British Future, 2012: 5）。以2012年YouGov的民調為例，民族血統的因素仍為蘇格蘭民族認同的重要基礎。民調結果顯示，73%的蘇格蘭人認為，蘇格蘭人的認同中，出生於蘇格蘭是重要的要件；52%的蘇格蘭人認為，擁有蘇格蘭出生的父母，是蘇格蘭人認同的重要要件（*Ibid.*）。綜言之，「蘇格蘭性」隨著時間遞嬗，已有不同於以往的內涵。蘇格蘭雖然仍以蘇格蘭人為主體，但隨著蘇格蘭多元民族的發展，二十一世紀的「蘇格蘭性」，其面貌亦隨之改變。

第二節　英國性

經過歷史的長久洗禮與淬鍊，蘇格蘭發展出獨特的「蘇格蘭性」，並出現透過公投成為獨立國家的訴求。十八世紀初蘇格蘭與英格蘭合併後，成為英國1707年至今三百多年歷史的一部分。倘若蘇格蘭獨立成功，將對英國的國家完整性造成衝擊，所謂的「英國性」（Britishness）亦將遭到挑戰。

反對蘇格蘭獨立派人士，包括英國政府及「續留英國」（Better Together）運動的支持者，認為維持目前的聯合王國，對英國和蘇格蘭而言都是最好的選擇。英國歷史自1066年諾曼征服發展至今，享有千年的歷

史。英國透過合併成為擁有英格蘭、蘇格蘭、威爾斯、北愛爾蘭四個地區的「大不列顛暨北愛爾蘭聯合王國」（United Kingdom of Great Britain and Northern Ireland），簡稱UK，別名大不列顛（Great Britain）或不列顛（Britain）。因此，英國可說是「四國合一」或「國中有國」。由於國內的民族差異性，何謂「英國性」（Britishness）這個問題，始終是英國民族及國家認同建構過程中一個未解的難題。幾十年來，何謂「英國性」此一問題，引起英國政界及學界的熱烈討論。對於這個問題的答案，英國人莫衷一是。英國BBC記者伊斯頓（Mark Easton）做了生動比擬，認為定義「英國性」猶如「捕捉風的畫像」（Easton, 2012）。以下就「英國性」的迷思及蘇格蘭的「英國性」，分別做一分析。

一、「英國性」的迷思

英國的歷史可溯源自盎格魯薩克遜時期。不過，盎格魯薩克遜王國面臨外族的不斷入侵與征服，稱不上是統一的獨立國家。英國的歷史一般從1066年諾曼征服算起。諾曼王朝的英國，事實上僅包括現在的英格蘭。其後英國陸續與威爾斯、蘇格蘭、及愛爾蘭合併。愛爾蘭爭取獨立自治後，愛爾蘭北方六省留在聯合王國內，英國更名為「大不列顛暨北愛爾蘭聯合王國」。

透過「四國合一」的聯合王國歷史，英國發展為一多元民族的國家。英國的英格蘭、蘇格蘭、威爾斯、北愛爾蘭四個地區，其主要居民分別為英格蘭人（English）、蘇格蘭人（Scottish）、威爾斯人（Welsh）、以及與愛爾蘭人（Irish）。蘇格蘭、威爾斯、愛爾蘭人的語言及宗教雖然互異，但其祖先同屬凱爾特人的分支。英格蘭人的祖先，主要源自西元五世紀自歐洲大陸而來的日耳曼人，包括盎格魯人（Angles）、撒克遜人（Saxons）、朱特人（Jutes）等族群。

　　英國的多元種族背景，使「英國人」此一民族像是一個萬花筒。英國人經過多元族群的混血通婚，形成今日「英國人」的面貌。英國的史前歷史最早可溯源自750,000年前，當時的不列顛島上即有人居住，以採集食物或打獵維生。西元前6,500年，冰河的消退使海平面回升，不列顛與歐洲大陸分開成了獨立的島嶼，當時的居民為來自北方歐洲大陸的後代，並開始了農業生活（Pryor, 2011）。如今英國著名的史前遺跡巨石陣（Stonehenge），即為約西元前2,500年新石器時代所留下的人類遺跡。新石器時代的愛比利亞人（Iberians），以及銅器時代的畢克人（Beaker People）先後自歐洲大陸徙居不列顛島，成為早期不列顛島的移民。

　　西元前六世紀，來自歐洲大陸的凱爾特人（Celtics）則分批遷徙到不列顛島定居。西元43年羅馬人入侵英格蘭。羅馬人入侵前，居住於不列顛的主要凱爾特部落，例如英格蘭地區的特里諾文特人（Trinovantes）與柯諾維人（Cornovii），威爾斯地區的志留人（Silures）與得西安格力人（Deceangli），蘇格蘭地區的加勒多尼人（Calodones）與塞爾戈維人（Selgovae）等（James, 2011；BBC History，2014）。羅馬人占領英格蘭後，建立起羅馬帝國的不列顛尼亞行省（Britannia），並引進拉丁語和羅馬帝國的制度。羅馬帝國沒落後，西元5世紀起自歐洲大陸而來的日耳曼民族趁隙南徙，包括盎格魯人、撒克遜人、朱特人等族群紛紛遷入不列顛島定居。

　　西元829年，威賽克斯王國的愛格伯（King Egbert）國王統一英格蘭其他王國，建立起盎格魯薩克遜王國。但9世紀至11世紀期間，來自北歐的維京人（Vikings）不斷侵擾不列顛島，甚至導致11世紀初期，丹麥國王克努特大帝（Canute the Great）統治英格蘭近二十年（1014至1035年）。1042年盎格魯撒克遜王國於愛德華三世（Edward III）的領導下復辟，但1066年又遭諾曼人征服。來自法國的諾曼第公爵威廉（William Duke of

Normandy），亦即征服者威廉（William the Conqueror），派兵攻打英國。諾曼第公爵威廉於哈斯丁一役（Battle of Hastings）擊敗英王哈羅德二世（Harold II），登基為英國的威廉一世（William I），史稱諾曼征服（Norman Conquest）。諾曼征服後，法蘭西語因此對中世紀英語帶來深遠影響。

諾曼征服後，英國便未發生外族征服的事件成為一個獨立的國家。諾曼王朝因此被視為英國君主制的正統開始。英格蘭之後陸續與威爾斯、蘇格蘭、及愛爾蘭合併，使英國的血統及民族意識顯得更為多元。1536年，英格蘭與威爾斯簽定聯合法案後，威爾斯併入英格蘭王國。1707年，英格蘭王國與蘇格蘭王國進行合併，成為「大不列顛王國」（Kingdom of Great Britain）。1801年，大不列顛王國與愛爾蘭王國合併總成「大不列顛王國暨愛爾蘭聯合王國」（United Kingdom of Great Britain and Ireland）。1922年愛爾蘭建立愛爾蘭自由邦（The Irish Free State），而愛爾蘭北方由新教聯盟派主控的六省，則繼續留在聯合王國內。1949年愛爾蘭自由邦脫離大英國協，並更改國名為愛爾蘭。1927年英國國名因應愛爾蘭的獨立，改為「大不列顛王國暨北愛爾蘭聯合王國」。

大英帝國時期，英國擁有許多海外殖民地。帝國瓦解後，仍吸引世界各地海外殖民地的移民。根據英國國家統計局（Office for National Statistics）2002年的統計，英國人口中約有450萬人為少數民族，占英國總人口的7.6%（Office for National Statistics, 2002: 5）。揆諸歷史，英國人由多元民族相互融合而成，不同民族的文化及語文相互影響，交織成今日英國人的圖像。一如學者詹姆斯（Simon James）所指：「從歷史記錄以觀，這個島嶼一直由多元文化團體與認同所組成」（James, 2011）。

基於英國多元民族的歷史及演變，學者孔恩（Robin Cohen）形容英國認同存在一種「模糊邊界」（fuzzy frontier），他並闡釋：「英國認同

呈現分裂的圖像。英國的多元族群，包括愛爾蘭人、蘇格蘭人、威爾斯人、英格蘭人、白人、黑人、大英國協人、美國人、說英語的人、歐洲人、甚至『外國人』，共同一起生活，建造及拒絕了相互重疊且複雜的認同圈。因此，英國認同的形狀隨著歷史不斷改變，通常顯得模糊且某種程度上具有延展性」（Cohen, 1994: 35）。

英國多元民族的歷史背景，使「英國性」（Britishness）的內涵趨於複雜，並經常成為民族及國家認同的一種矛盾。一方面，英國簡稱為大不列顛或不列顛，但所謂大不列顛或不列顛的簡稱，二者在地理意義上皆不包括北愛爾蘭。然而，在政治意義上大不列顛或不列顛，廣義而言可以作為英國的代稱，並包括英格蘭、蘇格蘭、威爾斯、以及北愛爾蘭。

二方面，蘇格蘭人及威爾斯人具有高度的民族認同感，對大不列顛或不列顛的稱號，無甚好感。舉例而言，根據2011年蘇格蘭人口普查，僅有8%的蘇格蘭人認同自己為「不列顛人」（the British），且只有2%的蘇格蘭人認為自己是「英格蘭人」（the English）（National Records of Scotland, 2011）。依據2011年英國官方出版的「英格蘭與威爾斯民族語國家認同」調查指出，65.9%的威爾斯人認同自己為「威爾斯人」（the Welsh），只有26.3%的威爾斯人認同自己為「不列顛人」（the British）（Office for National Statistics, 2011）。此外，僅有13.8%的威爾斯人認為自己是「英格蘭人」（the English）（Ibid.）。以全英國而論，僅有20%的英國人認同自己是「不列顛人」（the British）（Ibid.）。由上可知，蘇格蘭及威爾斯等地的多數民眾，對於「不列顛」此一稱號皆非擁有高度認同。

根據學者寇里（Linda Colley）的研究發現，18 以及 19 世紀初，威爾斯、蘇格蘭、及英格蘭人享有某種意義的共同英國認同（Colley, 1992），但學者雅各布森指出，對蘇格蘭及威爾斯人而言，至今仍能清楚區分對英

國的政治認同，以及對蘇格蘭及威爾斯的民族認同（Jacobson, 1997: 184）。

三方面，「英國性」對英格蘭而言，則出現一種又愛又怕的複雜情結。首先，就國家層面而言，「英國性」雖然包括英格蘭、蘇格蘭、威爾斯、北愛爾蘭四個地區，但由於英格蘭於英國的優勢地位，使得英格蘭人（the English）有時會將英格蘭人與英國人（the British）兩字畫上等號。因此，英格蘭人與英國人兩字在一般使用上，亦經常相互替換。一如學者竇德（Dodd）所言，對英格蘭人而言，「英格蘭性」（Englishness）容易與「英國性」（Britishness）相互混淆，可能肇因於「英格蘭人與其他族群親密但又自覺優越的相處方式」（Dodd, 1995: 35）。學者雅各布森的研究亦指出，對英格蘭人而言，效忠英格蘭與效忠英國（Britain）通常視為一件相同的事（Jacobson, 1997: 184）。學者歐斯曼（John Osmond）進而指出，英格蘭人有一種可以被稱為「盎格魯—不列顛」的融合認同（Osmond, 1988: 26）。

因此，對於許多不熟悉英國的外國人而言，常常把英格蘭（England）與英國（Britain）視為同義詞或混為一談。誠如作家米克斯（George Mikes）於其著作《如何當個外國人》（*How to Be an Alien*）中指出：「人們提到英格蘭，有時指的是大不列顛或是指大英帝國，不然就是英倫三島——從來都不是指英格蘭」（Mikes, 1999: 3）。然而，英格蘭與英國為兩個相異的概念，若將英格蘭人視為英國人的代表，當然是一種政治不正確的用法，因為英國除了英格蘭之外，還包括蘇格蘭、威爾斯、北愛爾蘭這三個地區的人民。

其次，英格蘭人雖然認同自己為英國人（the British），但英格蘭人擁有其民族特性及優越感，並希望與同屬於英國人（the British）的蘇格蘭、威爾斯、與北愛爾人有所區分。因此，若以英國人稱呼英格蘭人，對英格蘭人來說，有時卻成為一種不願面對的真相。舉例而言，英格蘭人比較喜

歡被稱為英格蘭人（the English），對不列顛（the British）的稱號較不青睞。根據英國 YouGov 於 2011 年所做的民調顯示，63% 的英格蘭人自稱是英格蘭人（the English）而非不列顛人（the British）（YouGov, 2011）。根據另一份民調顯示，英國推行權力下放後，強化了英國英格蘭、蘇格蘭、威爾斯、與北愛爾蘭的地區差異性，使英格蘭人認同自己為英格蘭人（the English）的比例獲得提升（Curtice, 2013b）。

學者班內特（A. Barnett）亦發現，現今的年輕人逐漸偏好成為英格蘭人，勝過成為英國人，但「英格蘭性」與「英國性」就像「錢幣的兩面，彼此都無法獨立存在」（Barnett, 1997: 293）。英格蘭人的「英格蘭性」（Englishness）與「英國性」（Britishness），因而形成一種若即若離的矛盾關係。

「英格蘭性」可泛指英格蘭的民族認同。英格蘭擁有悠久的歷史及文化，「英格蘭性」因而有著豐富深厚的內涵。英格蘭人的「英格蘭性」被指為是一種「非常深層，但經常休眠的情緒」（British Future, 2014: 10）。英國 YouGov 針對「英格蘭性」的民調顯示，多數英格蘭人對有關英格蘭的許多事物，包括英國鄉村、英語、湖區、莎士比亞、白金漢宮、酒吧、球隊等皆感到驕傲（Ibid., 7-11）。就「英國性」而言，根據 2014 年的一項研究，君主、英國國家廣播電台（British Broadcasting Corporation, BBC）、酒吧、莎士比亞、英國下議院、以及天氣，皆視為界定英國最重要的事物之一（Philipson, 2014）。

綜言之，英國此一聯合王國的民族差異性使得「英國性」這個政治及民族符號的信仰，反而成為一種迷惘。英國長期進行社會態度調查的研究機構 NatCen 發現，英國的愛國精神有消退跡象。例如，2003 年 43% 的英國人對身為英國人感到「非常驕傲」（very proud），但 2014 年僅有 35% 的英國人有相同感受（NatCen, 2014a）。「英國性」面臨消退的趨勢，其主要

原因有二。

　　首先，二十世紀以降，特別是二次世界大戰之後，隨著英國海外殖民地的紛紛獨立，英國不再享有過去大英帝國的國力。與「日不落國」的昔日輝煌相比，二戰後的英國國力已顯衰弱，「英國性」的認同因此受到衝擊。一如英國歷史學者甘迺迪（Paul Kennedy）於其著作《大國的興衰：1500至2000年的經濟變遷與軍事衝突》（*The Rise and Fall of the Great Powers: Economic Change and Military Conflict from 1500 to 2000*）中形容，1980年代起，英國只是一個「一般、相對強大的國家，而非一個強權」（Paul Kennedy, 1988: 549）。美國國務卿艾奇遜（Dean Acheson）亦指出：「大不列顛失去了大英帝國，尚未找到自己的歷史地位」（Acheson, 1962）。學者雅各布森同樣指出，面對二十世紀初期英國的國力改變，英國人的自我認同，特別是具有主導優勢的英格蘭人必然受到影響（Jacobson, 1997: 185）。

　　其次，英國幾十年來推動的權力下放，逐漸增加蘇格蘭、威爾斯、及北愛爾蘭地區的權力，地方自治與民族認同的意識因此隨之高漲。英國的國家團結與凝聚力，亦因而遭受稀釋。根據學者柯提斯（John Curtice）分析，特別是英格蘭面對蘇格蘭獲得更多自治機構的設立，卻又同時獲得英國中央政府的財政補助，感到不情願（Curtice, 2013b）。舉例而言，英格蘭地區支持蘇格蘭權力下放的比例，已從1999年的57%下降至2013年的43%（*Ibid.*）。此外，英格蘭人支持蘇格蘭獨立的比率，從1997年的14%躍升至2012年25%（Curtice, 2014）。上述的民調結果，突顯出權力下放造成英格蘭對蘇格蘭地區的不滿。英國新工黨政府於1997年起，積極推行的權力下放，使英國成為更分裂而非更團結的國家，亦間接促成了2014年的蘇格蘭獨立公投。蘇格蘭獨立公投倘若通過，顯然將對日漸凋零的「英國性」造成重大衝擊。

　　「英國性」雖然出現消退的跡象，但根據英國研究機構NatCen近年做的追蹤研究，英國民眾心中的「英國性」構成要素變化不大。NatCen根據何謂眞正英國（truly British）的重要構成要素，於1995年、2003年以及2013年進行調查。研究結果發現，會說英語，具有英國公民身分，以及尊重英國制度與法律，8成以上的民眾皆認爲是眞正英國的重要構成要素（NatCen, 2013）。七成左右的民眾，認爲感覺到英國（feel British），在英國生活，以及出生在英國，是眞正英國的重要構成要素（*Ibid.*）。四至五成的民眾贊同擁有英國血統及分享英國風俗或傳統，爲眞正英國的重要構成要素。至於以身爲基督徒作爲眞正英國的重要構成要素，則僅獲二至三成的民眾的認同。有關「英國性」的構成要素分析，請參閱表4-1。

　　民族主義學者安德森（Benedict Anderson）將民族定義爲「想像的共同體」（imaged communities），因爲「即使是最小國家的成員，都無法認識，接觸，或甚至聽聞他們的多數同胞，但每個人的心中存在著對他

表4-1　「英國性」的構成要素民調

眞正英國（truly British）的構成要素中，認爲非常重要及相當重要的比率	1995年	2003年	2014年
會說英語	85	86	95
具有英國公民身分	83	83	85
尊重英國制度與法律	82	82	85
感覺到英國（feel British）	73	74	78
在英國生活	71	69	77
出生在英國	76	70	74
擁有英國血統	n/a	46	51
分享英國風俗或傳統	50	52	50
基督徒	32	31	24

資料來源：NatCen (2013)

們共同體的想像」（Anderson, 1983: 6）。「英國性」作爲聯合王國的政治和民族符號，亦是一個被創造和想像出來的概念。學者史考特（Peter Scott）嘗云：「英國是個被創造的國家，其歷史較之於美國並未久遠得多」（Scott, 1990: 168）。學者詹姆斯亦指出：「自從羅馬時代以降，數以百萬計的人民認爲自己是『英國人』（the British）……，但這個認同要到1707年英格蘭、威爾斯與蘇格蘭聯盟後，才被創造」（James, 2011）。聯合王國的成立使「英國性」這個想像成爲可能。英國此一聯合王國的歷史已逾三百多年，但由於英國多元民族的發展與特性，「英國性」的想像仍尚未完成。

二、蘇格蘭的「英國性」

蘇格蘭的民族及國家意象，鮮明且強大。例如蘇格蘭的民族英雄及事蹟、壯麗的高地風情、方格紋、蘇格蘭裙、風笛等，皆爲世人熟悉的蘇格蘭代表性事物。蘇格蘭擁有豐富的歷史遺跡與動人傳說，旅遊界形容爲「光陰之外的土地」（land out of time）及「去魅世界中的魔法堡壘」（enchanted fortress in a disenchanted world）（Rojek, 1993: 181）。然而，1707年蘇格蘭於與英格蘭合併後，喪失了國家的自主權，所謂的「蘇格蘭性」因此受到衝擊。學者麥克龍甚至提出質疑，認爲聯合王國成立後的三百多年來，蘇格蘭是否只存在於想像之中（McCrone, 2001: 127）。因此，相較於蘇格蘭的巨大形象，蘇格蘭的存在現實是否虛無渺小，值得進一步分析。

由於蘇格蘭與英格蘭的歷史糾葛，使蘇格蘭與英格蘭的互動過程中，不斷受到英格蘭文化的影響而變得更爲「英國化」。蘇格蘭與英格蘭合併後透過三百多年來的融合與相互影響，蘇格蘭成爲英國的一分子，共同創造了英國的歷史與國家認同。1707年後，英國亦有不少蘇格蘭人（包括具

有蘇格蘭人血統或在蘇格蘭出生者）擔任首相，近代知名蘇格蘭裔首相例如麥克米倫（Harold Macmillan， 1957-63）、道格拉斯霍姆（Alec Douglas-Home, 1963-64）、布萊爾（Tony Blair，1997-2007）、布朗（Gordon Brown, 2007-10）、卡麥隆（David Cameron, 2010年上任迄今）等人。根據統計，自國王喬治三世即位以來的51位首相中，計有13位首相爲蘇格蘭裔（包括具有蘇格蘭人血統或在蘇格蘭出生者）（Paxman, 2002: 65）。

根據2012年YouGov民調顯示，英國民眾對英國君主大多數抱持相當認同的態度。舉例而言，84%的英格蘭人對英國君主表示相當認同，80%的蘇格蘭人對英國君主表示相當認同，亦有高達82%的威爾斯人對英國君主表示相當認同（British Future, 2012: 14）。這份民調顯示，英國君主作爲「英國性」的具體象徵，受到相當程度的認同與歡迎。

就「英國性」而論，在民族主義和國家認同層面，蘇格蘭人擁有強烈的民族認同感，蘇格蘭的「英國性」因此顯得薄弱。然而，經過蘇格蘭與英國其他地方的長期交流，蘇格蘭在語言文化、經濟貿易、人口流動等方面的「英國性」，卻顯得鮮明突出。

語言文化方面，蘇格蘭語言的「英國性」最爲明顯。根據英國社會態度調查結果顯示，1995年有85%的英國人認爲會說英語是眞正英國（truly English）的重要要素，2013年則有95%的英國人認爲會說英語爲眞正英國的重要要素（NatCen, 2013），足見英語已成爲「英國性」的重要表徵。超過9成的蘇格蘭人其主要使用的語言，即爲英語（National Records of Scotland, 2011）。

蘇格蘭與英格蘭合併後，蘇格蘭語言的「英國化」成爲一項重要的轉變。1707年蘇格蘭與英格蘭合併前，蘇格蘭語（Scots）爲蘇格蘭的官方語言，政府文件以蘇格蘭文書寫。然而，蘇格蘭與英格蘭合併後，英語成爲英國的官方語言，並取代蘇格蘭語成爲蘇格蘭的官方語言。由於政府、

宗教、教育皆使用英語，英語乃成爲中產階級眼中具有社交優勢的媒介。於此情境下，英語不僅爲蘇格蘭的官方語言，並逐漸發展爲蘇格蘭的主要語言。原本蘇格蘭使用的蘇格蘭語及蘇格蘭蓋爾語則逐漸沒落。相較於英語，蘇格蘭的傳統語言，包括蘇格蘭蓋爾語和蘇格蘭語，已成爲「英國化」下的弱勢語言。

英語成爲蘇格蘭的主要語言，突顯出英語的優勢及影響力。蘇格蘭與英格蘭合併後，兩國的文化逐漸融合。英格蘭身爲不列顛王國的龍頭，英格蘭的語言及文化逐漸成爲蘇格蘭人學習的目標。蘇格蘭的知識分子紛紛學習英文或以英文創作，以跟隨此一潮流。舉例而言，蘇格蘭著名的經濟學家亞當・史密斯（Adam Smith），以英文此一外語而非其母語，撰寫完成《國富論》巨著（*Ibid.*）。蘇格蘭哲學家休姆（David Hume）的《英格蘭史》，蘇格蘭史學家勞勃森（William Robertson）的《蘇格蘭史》，以及蘇格蘭作家包斯威爾（James Boswell）的《約翰生傳》，皆以英文寫作發表，並得以獲得廣大的流傳。如學者赫曼所言，蘇格蘭啓蒙時代的許多重要知識分子，「包括包斯威爾、休謨、勞勃森等人都承認英格蘭文化的優越性……英格蘭的強勢文化經過他們的重新塑造，兩國的後代得以共享豐盛的成果」（Herman, 2003: 128）。蘇格蘭人透過掌握英語這個外來語言，反而壯大了自身以及英國的文化。

蘇格蘭人以其民族與歷史爲榮，但蘇格蘭與英格蘭合併後，受到英格蘭語言及文化的威脅與同化，蘇格蘭人出現了語言及文化上的一種焦慮感。一如學者克萊格（Cairns Craig）於《走出歷史：蘇格蘭與英格蘭文化的敘事典範》（*Out of History: Narrative Paradigms in Scottish and English Culture*）一書中指出，「接受自己是地區性的，其後果便是深刻的自我厭惡」，並認爲「在蘇格蘭，我們的文化分析總是著迷於自我厭惡的形象」（Craig, 1996），突顯出蘇格蘭人於英國統治下的自我認同困擾。關於蘇

格蘭文化於英國的地位，學者皮托克（Murray Pittock）如此形容：「總體而言，1707年蘇格蘭與英格蘭合併後，做為一個蘇格蘭人在英國不會成為歧視的基礎，但表現「蘇格蘭性」——表現得太蘇格蘭，則會遭致不滿並可能引起歧視」（Pittock, 2013: 165）。

蘇格蘭人對自身民族，具有高度的民族認同與驕傲感。但另一方面，蘇格蘭人面對優勢的英格蘭語言和文化，產生自卑的矛盾情結，因此出現形容蘇格蘭受到英國強勢文化衝擊，所引起的低人一等心理的字眼，例如「蘇格蘭畏縮」（Scottish Cringe）、「蘇格蘭自卑情結」（Scottish Inferiority Complex）」、以及「蘇格蘭受害者情結」（Scottish Victimhood），並引發各界的辯論。根據學者基庭指出，1707年聯合王國成立後，很大部分的蘇格蘭中產階級為了在新國家謀求進展，試圖將他們的風俗舉止英國化（Keating, 1996: 189），並於此過程中發展出對蘇格蘭文化的自卑情結（Beveridge and Turnbull, 1989）。

舉例而言，蘇格蘭的英語腔調亦成為蘇格蘭人自卑感或民族認同感的來源之一。蘇格蘭人的英語擁有濃厚的蘇格蘭腔調。蘇格蘭與英格蘭合併後，語言上逐漸被英語同化的過程中，一口流利沒有腔調的英語成為早期蘇格蘭人憧憬的目標。根據學者赫曼指出，1706年愛爾蘭演員及教育家謝雷登（Thomas Sheridan），於愛丁堡舉行教導英語正確發音的演講，並獲得三百多名蘇格蘭各界菁英共襄盛舉（Herman, 2003: 127）。蘇格蘭人形成對英語及英格蘭文化之仰慕的同時，伴隨出現對自身語言及文化的自卑感。赫曼亦指出，蘇格蘭哲學家休姆十分後悔沒學好英語，並承認自己和蘇格蘭鄉親們「對自己的腔調和發音深感遺憾」（*Ibid.*, 125）。蘇格蘭史學家勞勃森與英國大文豪約翰生初次見面時，開口第一句話竟是：「敝人來自蘇格蘭，對此至感無奈」（*Ibid.*, 126）。

根據學者皮托克的研究，1960年代後「蘇格蘭上流社會與甚至是中產

階級的蘇格蘭人，已能說英格蘭或幾乎近似英格蘭腔調的英語，這正是被『英國化』的同化例證」（Pittock, 2013: 174）。然而，蘇格蘭腔調的英語隨著近年來蘇格蘭民族意識的抬頭，亦發展爲民族認同感的來源之一。皮托克指出：「最近在英國地方腔調已變得較被接受，但在蘇格蘭，蘇格蘭腔調變成一種民族的強烈標誌」（Ibid.）。

　　就經濟貿易層面而言，蘇格蘭與英格蘭合併後，英國的單一市場提供許多促進貿易的利基，包括廣大的國內市場，共同的法規與監督機構，統一的勞動市場，分享的創新與技術基礎，以及整合的基礎建設（UK Government, 2014b: 6-8）。英國的單一市場爲蘇格蘭與英國其他地方的經濟發展，帶來更多的機會。根據蘇格蘭政府統計，2012年蘇格蘭出口至英國蘇格蘭以外其他地方的產值，約476億英鎊，超過蘇格蘭出口至世界其他地方的總值（約260億英鎊）（Scottish Government, 2012: 1-2）。英國政府統計，2012年蘇格蘭出口至英國蘇格蘭以外其他地方的產值約480億英鎊，爲蘇格蘭出口至世界其他地方產值的兩倍，亦爲蘇格蘭出口至歐盟產值的四倍（UK Government, 2014b: 2）。英國的國內市場已成爲蘇格蘭最大的市場，而蘇格蘭的市場則爲英國（蘇格蘭以外的英國其他地方）的第二大市場（Ibid., 15）。

　　英國的單一市場，使蘇格蘭與英國其他地方得以貿易往來，互利共榮，其重要性不言可喻。蘇格蘭的企業雇主和員工透過英國的單一市場，出現跨境的整合發展。根據統計，2012蘇格蘭註冊的企業中，有2,665家企業（約占蘇格蘭註冊企業的18.7%），爲英國（蘇格蘭以外）其他地方的英國人所擁有。同時，蘇格蘭人擁有的企業，亦於英格蘭、威爾斯、及北愛地區雇用約283,000名員工（UK Government, 2014a: 19）。因此，蘇格蘭不僅依附並受益於英國的單一市場，亦成爲英國單一市場的重要成員並做出貢獻。貿易層面的「英國性」，透過市場和經濟的整合，發展自然

且順利。

此外，身爲英國的一分子，蘇格蘭享受到英國國際貿易所帶來的經貿優勢。特別是從大英帝國（British Empire）時期，至目前的國協（Commonwealth of Nations）及歐盟會籍，蘇格蘭分享了英國國際貿易上的經貿利益。蘇格蘭與英格蘭合併後，隨著大英帝國的發展，蘇格蘭成爲英國與全球貿易的受益者。大英帝國爲歷史上疆域最廣、治理人口最多的帝國，根據學者統計，1922年大英帝國人口約爲四億五千八百萬，占當時世界人口的五分之一（Maddison, 2001: 98, 242）。目前的國協（Commonwealth of Nations）有53個會員國和英國維持深厚的經貿關係。就歐盟而言，歐盟爲目前世界最大的經濟體擁有28個會員國。英國與世界的其他國家，例如美國和中國等，亦維持緊密的經貿關係。根據2011年聯合國貿易暨發展會議（United Nations Conference on Trade and Development, UNCTAD）的數據，英國僅次於美國爲世界第二大外國直接投資國（UNCTAD, 2011）。蘇格蘭身爲英國的一員，得利於英國在國際貿易上的優勢地位。

就人口流動層面而論，1707年後蘇格蘭與英國其他地方已無邊境管制，得以互通有無，例如旅遊、求學、工作、經商、居住等。蘇格蘭和英格蘭間相互移民的人口相去不遠。舉例而言，根據英國政府的統計指出，2001年出生於蘇格蘭但卻生活在英格蘭的民眾約有794,580人，約占蘇格蘭出生人口的14.28%。相反地，約有408,498位出生於英格蘭的民眾生活在蘇格蘭的民眾，約占蘇格蘭人口的8.1%（UK Government, 2014a: 71）。英國首相卡麥隆即爲一例，其父親爲蘇格蘭人，但他出生並於英格蘭成長。他表示，「卡麥隆」（Cameron）此一氏族的格言，即爲「讓我們團結，而這正是這個島上的我們所做的」（Lowther, 2014）。

根據蘇格蘭政府的統計，2012年蘇格蘭計有45,100名來自英國蘇格蘭以外其他地方的移民，而約有42,100名蘇格蘭人移民至英國蘇格蘭以外的

其他地方（Scottish Government, 2013c）。此外，根據英國政府的報告，蘇格蘭與英格蘭邊境的交通往來頻繁，蘇格蘭與英格蘭邊境每年約有2300萬次車輛通行，往來蘇格蘭與英格蘭的火車旅客則計有700萬人（UK Government, 2014a: 7）。根據2011年的數據顯示，每年約有三萬人於通過蘇格蘭邊界通勤工作（*Ibid.*, 8）。蘇格蘭人與英國其他地方人民得以於英國境內自由移動及生活，享受英國公民的權利。

綜論之，蘇格蘭與英格蘭合併後，「英國性」已成為英國的民族主義與國家認同的象徵，蘇格蘭的獨立主張對「英國性」造成衝擊。英國政府透過積極宣傳，希望強化英國民眾對「英國性」的認同感。舉例而言，2012年英國舉辦奧運後，首相布朗便藉奧運的英國經驗，反對蘇格蘭獨立。布朗認為，英國國家隊（Great Britain and Northern Ireland Olympic Team，英文簡稱Team GB）的優異成績，部分應歸因於蘇格蘭和英格蘭的合作，他表示：「當我們為共同目的分享資源時，通常比我們單獨加總所能獲得的更多」（Brown, 2012）。2014年英國首相卡麥隆透過感性訴求，希望激起英國民眾的愛國情操，反對蘇格蘭獨立。他呼籲：「我愛這個國家。我愛英國以及她所代表的一切，我也會盡我全力，讓我們繼續在一起」（Cameron, 2014）。

第三節　結語

蘇格蘭的獨立公投，一方面突顯出「蘇格蘭性」的獨特性，以及蘇格蘭人的民族情感與歷史，因此成為支持蘇格蘭獨立的重要基礎。另一方面，蘇格蘭的獨立公投，亦激發起「英國性」的認同及討論。蘇格蘭與英格蘭合併後的三百多年，陸續創造了蘇格蘭、英格蘭、威爾斯、北愛爾蘭

共生共榮的英國歷史。反對蘇格蘭獨立者擔憂，蘇格蘭獨立將使三百多年所建立凝聚的英國國家歷史與認同，一夕之間瓦解。

　　蘇格蘭與英國，存在著明顯的民族差異性。然而，蘇格蘭與英國一樣，皆已發展為多元族群的社會，並同樣面臨多元族群認同的挑戰。對於蘇格蘭人及英國人而言，「蘇格蘭性」與「英國性」不僅僅是單一族群的認同。相反地，隨著人口的流動，社會文化的交流，以及國家認同的建構，蘇格蘭人及英國人皆已出現族群認同的多重性。舉例而言，根據2012年YouGov民調顯示，43%的英格蘭人認為自己「同樣是英格蘭人及英國人」（Equally English and British），29%的蘇格蘭人認同自己「同樣是蘇格蘭人及英國人」（Equally Scottish and British），而37%的威爾斯人則認為自己「同樣是威爾斯人及英國人」（Equally Welsh and British）（British Future, 2012: 13）。隨著多元族群的整合發展，蘇格蘭人及英國人的自我認同，亦出現雙元及複合的認同變化。「蘇格蘭性」與「英國性」並非只有一種面貌。因此，蘇格蘭獨立與否的兩個公投選擇，看似簡單，其實困難。

第五章
結論

　　2014年9月的蘇格蘭，走到國家前途的十字路口。蘇格蘭究竟會成為一個新的獨立國家，抑或繼續留在英國，將決定於蘇格蘭人民的自由意志。蘇格蘭面對與英國歷史糾葛難題，並不陌生。不論是蘇格蘭王國於西元九世紀成立以來與英格蘭的對抗或和解，或是1707年與英格蘭合併後的聯合王國歷史，蘇格蘭與英格蘭於不列顛島上始終是安危與共，不可分割的命運共同體。蘇格蘭的歷史可說是一部與英格蘭相互交織的歷史，蘇格蘭與英格蘭的歷史交會中，包括王位、民族、經濟、宗教、語言、文化等層面的衝突與融合，塑造了今日蘇格蘭與英國的面貌。

　　蘇格蘭是一個擁有悠久歷史的國家，這也是蘇格蘭人尋求獨立的重要原因。蘇格蘭的歷史，因此成為蘇格蘭寄語未來的動力。蘇格蘭獨立公投運動中，蘇格蘭獨立派人士的主張，訴諸蘇格蘭的國家歷史與民族情感。當一個國家構思未來時，不免回首過去。蘇格蘭的歷史殷鑑，能否提供一盞明燈，指引蘇格蘭的未來道路？

　　蘇格蘭的國家歷史與民族情感，成為蘇格蘭獨立公投運動中兩個重要的基石。一方面，蘇格蘭曾是一個擁有八百多年歷史的獨立王國，但十八世紀初蘇格蘭與英格蘭合併後，就已喪失國家主權。蘇格蘭獨立派人士相信，蘇格蘭脫離英國後將成為主權獨立的國家，並能發展為「更民主、繁榮、公平」的國家（Scottish Government, 2013a: 3）。十八世紀初蘇格蘭與英格蘭合併後，雖然喪失了國家主權，然而，揆諸歷史，蘇格蘭透過與英國的共生共榮，不僅改變了蘇格蘭，也改變了英國，更改變了世界。

　　1700年蘇格蘭是歐洲最貧窮的獨立國之一。合併前蘇格蘭經濟面臨財

政危機，促使蘇格蘭菁英和英格蘭與虎謀皮。蘇格蘭希望與英格蘭合併，透過與英國合作擴大蘇格蘭的海外貿易市場，以解決國家的財政及經濟難題。蘇格蘭與英國合併後，吸收了英格蘭政治體制、經濟發展、以及語言文化的優點，使蘇格蘭成為一個更進步的現代國家。政治體制上，英格蘭優良的政治制度與傳統，例如議會與選舉制度的發展，帶動蘇格蘭民主政治的演進。此外，1707年蘇格蘭與英格蘭合併後，透過三百多年來的相互融合，蘇格蘭人擠身英國政府位居要津，例如擔任英國首相，對英國政治的發展與變革，產生重大影響。蘇格蘭與英格蘭合併後，雖然失去政治主權，但透過英國政治制度的發展與成熟，反而獲得了自由、進步、與解放。

就經濟發展而言，蘇格蘭透過與英國合作享有前所未有的海外貿易機會，為蘇格蘭創造了財富與發展。大英帝國的海外殖民過程中，蘇格蘭人亦扮演居功厥偉的重要角色，並與英國共同創造了人類歷史上疆域最廣、治理人口最多的日不落國。語言文化上，蘇格蘭透過英語的學習，反轉了英語及英格蘭文化的侵略殖民，進而壯大蘇格蘭和英國的文化。特別是十八及十九世紀蘇格蘭啓蒙運動時期，孕育出許多傑出的知識分子與菁英，對蘇格蘭和英國的文明發展產生深遠影響。

蘇格蘭隨著大英帝國的發展，足跡遠至全球。蘇格蘭的精神與文明，對世界產生重大改變，其影響力無遠弗屆。目前全球五大洲，約有五千萬人擁有蘇格蘭血統（Scottish Government, 2014b）。許多新世界國家，例如美國與加拿大等國的開疆闢土，蘇格蘭人皆扮演關鍵角色。蘇格蘭與英格蘭合併後，喪失了政治主權，但換得更多的利益。聯合王國下的蘇格蘭，透過政治、經濟、文化上的主權讓步，反而創造出更璀璨的文明價值，包括優良的政治體制，更好的經濟，以及更豐富的英國文化。蘇格蘭能夠化弱為強，將蘇格蘭主權的失落與壓抑，創造出更大的國家發展、自

由、以及世界影響力。蘇格蘭的獲得，遠比失去的更多。

　　另一方面，蘇格蘭的民族情感，亦成為蘇格蘭獨立公投中一項重要基礎。蘇格蘭人與英國其他地方，包括英格蘭、威爾斯、與北愛爾蘭的民族差異，成為蘇格蘭人追求獨立的關鍵因素。蘇格蘭的民族運動發展已久，特別是十三及十四世紀蘇格蘭王國建國初期，蘇格蘭與英格蘭的軍事對抗出現包括華勒斯、布魯斯等民族英雄。這些民族主義的英勇傳說，一直以來為蘇格蘭的民族認同提供了浪漫的基礎。

　　蘇格蘭人作為一個民族，擁有獨特的血統、語言、文化，但此一命題經過歷史的發展，已逐漸成為一種想像。首先，根據2011年蘇格蘭人口普查，62%的蘇格蘭人認同自己為「蘇格蘭人」（National Records of Scotland, 2011）。然而所謂「蘇格蘭人」，事實上也是由多個不同民族相互融合而來。蘇格蘭人的祖先，包括西元一世紀由歐洲大陸遷徙而來的皮克特人，西元五世紀來自愛爾蘭的蓋爾人，西元五世紀自歐洲大陸前來的日耳曼人（例如盎格魯人、撒克遜人、朱特人等族群），西元八世紀來自北歐的維京人，以及十二世紀移自西歐的諾曼人等。透過多元民族的融合發展，形成了今日的蘇格蘭人。此外，隨著全球化和區域整合的發展，當代蘇格蘭出現更多的國外移民。包括亞洲、歐洲、非洲、美洲等地區的移民湧入，使得蘇格蘭成為一個多元種族的社會。一如世界上其他民族，蘇格蘭人對其民族具有高度的認同感與優越感，但所謂單一的、血統純粹的「蘇格蘭人」可說是一種迷思。

　　就語言及文化而言，蘇格蘭目前使用的官方與主流語言，是來自英格蘭的外來語言——英語。蘇格蘭的本土語言，包括蘇格蘭語和蘇格蘭蓋爾語，則已逐漸凋零，並成為世界教科文組織所列的瀕危語言（UNESCO, 2010）。由於英格蘭語言及文化的優勢與影響力，蘇格蘭的語言和文化已大幅「英國化」。蘇格蘭與英格蘭合併後，許多蘇格蘭知識分子與菁英使

用英語，或於英國的其他地方發展並嶄露頭角。蘇格蘭人透過掌握英語這個外來語言，吸收英國文化的精髓，反而豐富了蘇格蘭與英國的文化。

　　蘇格蘭的獨立公投，不僅對蘇格蘭與英國的國家認同與民族主義產生衝擊，亦對面臨全球化與區域整合挑戰的國家產生啟發作用。國家主權與民族榮耀的本質，究竟應該抱殘守缺，抑或包容開放，將成為許多國家或民族面對的困難抉擇，當然也包括蘇格蘭在內。

參考書目
中文

尼爾・弗格森（Nail Ferguson）著，睿容譯（2014）。《帝國：大英世界秩序興衰以及給世界強權的啓示》。台北：廣場。

亞瑟・赫曼（Arther Herman）著，韓文正譯（2003）。《蘇格蘭人如何發明現代世界》。台北：時報文化。

傑瑞米・帕克斯曼（Jeremy Paxman）著，韓文正譯（2002）。《所謂英國人》。台北：時報文化。

黃琛瑜著（2012）。《英國政府與政治》。台北：五南。

英文

Acheson, D. (1962), Speech at West Point, USA, http://www.u-s-history.com/pages/h1759.html.

Ahmad, B. (1995), Speech at the Scottish National Party's Annual National Conference, Perth, UK.

Allardyce, J. and Hookham, M. (2014), 'US Warns SNP Yes Vote Would Risk Nato Ban', http://www.thesundaytimes.co.uk/sto/news/uk_news/scotland/article1420243.ece.

Sloat, A. (2002), *Scotland in Europe* (Bern: Peter Lang).

Anderson, B. (1983), *Imagined Communities: Reflections on the Origins and Spread of Nationalism* (London: Verso).

Andrew, G. (2006), 'The Constitutional Revolution in the United Kingdom', *Publius*, 36/1: 19-35.

Armstrong, H. (1998), 'What Future for Regional Policy in the UK?', *Political Quarterly*, 69: 200-214.

Ayres, S. and Pearce, G. (2009), 'Governance in the English Regions: The Role of the Regional Development Agencies', *Urban Studies*, 46/3: 537-557.

Barnes, E. (2014), 'Lord McConnell Calls for Calm Independence Debate', http://www.scotsman.com/news/politics/top-stories/lord-mcconnell-calls-for-calm-independence-debate-1-2801921.

Barnett, A. (1997), *This Time: Our Constitutional Revolution* (London: Vintage Books).

BBC History (2014), 'Native Tribes of Britain', http://www.bbc.co.uk/history/ancient/british_prehistory/iron_01.shtml#thirteen.

BBC News (2010, May 17), 'Cameron Offers "Respect" Agenda to Assembly', http://news.bbc.co.uk/2/hi/uk_news/wales/south_east/8688160.stm.

BBC News (2012, October, 15), 'Scottish Independence: Cameron and Salmond Strike Referendum Deal', http://www.bbc.com/news/uk-scotland-scotland-politics-19942638.

BBC News (2013a, July 11), 'Analysis: University Tuition Fees in Scotland', http://www.bbc.com/news/uk-scotland-23279868.

BBC News (2013b, November 26), 'Scottish Independence: Referendum White Paper Unveiled', http://www.bbc.co.uk/news/uk-scotland-scotland-politics-25088251.

BBC News (2014a, February 10), 'Scottish Independence: David Cameron Launches Deference of UK', http://www.bbc.com/news/uk-scotland-scotland-politics-21394184.

BBC News (2014b, March 16), 'Scottish Independence: MPs Claim Yes Vote Could Damage Education', http://www.bbc.com/news/uk-scotland-scotland-politics-26596530.

BBC News (2014c, March, 25), 'Scottish Independence: Could Scotland Afford Better Childcare?', http://www.bbc.com/news/uk-scotland-26587040.

BBC News (2014d, March 29), 'Scottish Independence: Chancellor George Osborne Denies Currency Deal Claim', http://www.bbc.com/news/uk-scotland-scotland-politics-26791763.

BBC News (2014e, April 22), 'Scottish Independence: BBC Services Might Not Be Free, Says Ex-Trust Member', http://www.bbc.com/news/uk-scotland-scotland-politics-27116556.

BBC News (2014f, May 9), 'Scottish Independence: David Cameron Says Vote Is Not about His Future', http://www.bbc.com/news/uk-scotland-scotland-politics-27339515.

BBC News (2014g, May 26), 'Scottish Independence: Row over Start-up Costs, http://timeli.info/item/1739712/BBC_World_News/BBC_News___Scottish_independence__Cost_of_new_bodies__could_be___1_5bn_.

BBC News (2014h, May 28), 'Scottish Independence: Rival Both Say Scots "Better Off with Us"', http://www.bbc.com/news/uk-scotland-scotland-politics-27595415.

BBC News (2014i, June 4), 'Scottish Independence: Barroso Says Joining EU Would be "Difficult"', http://www.bbc.com/news/uk-scotland-scotland-politics-26215963.

BBC News (2014j, June 4), 'Scottish Independence: Rivals Respond to Queen's Speech', http://www.bbc.com/news/uk-scotland-scotland-politics-27688994.

BBC News (2014k, June 17), 'Scottish Independence: Expert View on Post-

Yes Constitutional Plans', http://www.bbc.com/news/uk-scotland-scotland-politics-27893870.

BBC News (2014l, June 19), 'Scottish Independence: "No Nato Talks" over referendum', http://www.bbc.com/news/uk-scotland-scotland-politics-27925047.

BBC News (2014m, June 22), 'Scottish Independence: Prof. Patrick Dunleavy Makes £200m Start-Up Claim', http://www.bbc.com/news/uk-scotland-scotland-politics-27962983.

BBC News (2014n, July 27), 'Scottish Referendum Poll Tracker', http://www.bbc.com/news/events/scotland-decides/poll-tracker.

Béland, D. and André, L. (2008), *Nationalism and Society Policy. The Politics of Territorial Solidarity* (Oxford: Oxford University Press).

Bennie, L., Brand, J., and Mitchell, J. (1997), *How Scotland Votes* (Manchester: Manchester University Press).

Better Together (2014a), 'Better off Together & Worse off Apart', http://b.3cdn.net/better/9e4ac352d1c4c66272_akm6bcu2q.pdf.

Better Together (2014b), 'The Economy', http://bettertogether.net/the-facts/entry/economy.

Better Together (2014c), 'Keeping the UK Pound', http://bettertogether.net/the-facts/entry/keeping-the-pound.

Better Together (2014d), 'Defence & Security', http://b.3cdn.net/better/34f878a9ce97eb66fa_d3m6bcngw.pdf.

Better Together (2014e), 'European Union', http://b.3cdn.net/better/f290c38399c17fae55_d1m6b3d08.pdf.

Better Together (2014f), 'Oil and Gas', http://b.3cdn.net/better/288c012abbaac34d2b_rqm6b3itu.pdf.

Better Together (2014g), 'Welfare', http://b.3cdn.net/better/0d60f83006dd3 c628c_egm6bkiy2.pdf.

Better Together (2014h), 'Pensions', http://b.3cdn.net/better/15f76200e 9ad238524_j9m6bc7in.pdf.

Better Together (2014i), 'Scotland in the UK: The Case for Our NHS', http://b.3cdn.net/better/0fdd3c5fa6b7644dcb_lpm6ba0aa.pdf.

Beveridge, C. and Turnbull, R. (1989), *The Eclipse of Scottish Culture* (Edinburgh: Polygon).

Bevir, M. and Rhodes, R. A. W. (2003), *Interpreting British Governance* (London: Routledge).

Billing, M. (1998), *Banal Nationalism* (London: Sage).

Black, A. (2012a), 'A Profile of SNP Leader Alex Salmond', http://www.bbc.com/news/uk-scotland-11510394.

Black, A. (2012b), 'Scottish Independence: Cameron and Salmond Strike Referendum Deal', http://www.bbc.com/news/uk-scotland-scotland-politics-19942638.

Black, A. (2013), 'Q&A: Scottish Independence Referendum', http://www.bbc.com/news/uk-scotland-13326310

Blair, T. (2010), *A Journey: My Political Life* (London: Random house).

Bogdanor, V. (1999), 'Devolution: Decentralisation or Disintegration?', *Political Quarterly*, 70/2: 185-194.

Bogdanor, V. (2004), *Devolution in the United Kingdom* (Oxford: Oxford University Press).

Bovaird, T. and Löffler, E. (2009), *Public Management and Governance* (Abingdon: Routledge).

Bradbury, J. (2006), 'Territory and Power Revisited: Theorising Territorial

Politics in the United Kingdom after Devolution', *Political Studies*, 54/3: 559-582.

Bradbury, J. (2008), *Devolution, Regionalism and Regional Development: The UK Experience* (New York : Routledge).

British Future (2012), 'This Sceptred Isle', http://www.britishfuture.org/wp-content/uploads/2012/04/BritishFutureSceptredIsle.pdf.

Brown, A. (2002), 'Asymmetrical Devolution: The Scottish Case', *The Political Quarterly*, 69/3: 215-22.

Brown, A., McCrone, D., and Paterson, L. (1998), *Policies and Society in Scotland* (London: Macmillan).

Brown, A., McCrone, D., Paterson, L., and Surridge, P. (1999), *The Scottish Electorate: The 1997 General Election and Beyond* (London: Macmillan).

Brown, G. (2006), 'What Do We Want to Be? The Future of Britishness', Speech at the Fabian New Year Conference, London, UK.

Brown, G. (2012), Speech at the Edinburgh Book Festival, Edinburgh, UK.

Buchanan, M. (2012), 'Scottish Independence Referendum: What Is Devolution Max', http://www.bbc.co.uk/news/uk-scotland-scotland-politics-17094333.

Bulmer, W. L. (2013), *A Model Constitution for Scotland: Making Democracy Work in an Independent State* (Edinburgh: Luath Press).

Bulmer, S., Burch, M, Hogwood, P., and Scott, A. (2002), *British Devolution and European Policy-Making: Transforming Britain into Multi-Level Governance* (London: Palgrave).

Bulmer, S., Burch, M, Hogwood, P., and Scott, A. (2006), 'UK Devolution and the European Union: A Tale of Cooperative Asymmetry?', *The Journal of Federalism*, 36 /1: 75-93.

Burch, M., Gomez, R., Hogwood, P., and Scott, A. (2005), 'Devolution, Change and European Union Policy-Making in the UK', *Regional Studies*, 39: 465-475.

Burch, M., Hogwood, P., Bulmer, S., Carter, C., Gomez, R., and Scott, A. (2003), *Charting Routine and Radical Change: A Discussion Paper*. Devolution and European Policy Making Series No. 6, European Policy and Research Unit, Department of Government, University of Manchester, UK.

Burns, R. (1791), 'Such a Parcel of Rogues in a Nation', http://www.robertburns.org/works/344.shtml.

Cabinet Office (1999), *Modernising Government* (London: The Stationary Office).

Cabinet Office (2002), *Your Region, Your Choice: Revitalising the English Regions* (London: Department for Transport, Local Government and the Regions).

Cairney, P. (2012), 'Intergovernmental Relations in Scotland: What Was the SNP Effect', *British Journal of Politics and International Relations*, 14/2: 231-249.

Cameron, D. (2014), 'The Importance of Scotland to the UK', Speech at the Lee Valley VeloPark, London, UK.

Carr, E. H. (1942), *The Conditions of Peace* (New York: Macmillan).

Carrell, S. (2014a), 'Alex Salmond Brands Anti-Scottish Independence Campaign "Miserable"', http://www.theguardian.com/politics/2014/apr/12/scotland-salmond-brands-anti-scottish-independence-campaign-miserable.

Carrell, S. (2014b), 'Scottish Independence Would Damage Research Funding, Warn Medical Experts', http://www.theguardian.com/politics/2014/may/23/scottish-independence-research-funding-medical-experts.

Carrell, S. and Kassam, A. (2013), 'Scottish Independence: Spain Blocks

Alex Salmond's Hopes for EU Transition', http://www.theguardian.com/ politics/2013/nov/27/scottish-independence-spain-alex-salmond-eu.

Carrell, S. and Watt, N. (2012), 'Alex Salmond Hails Historic Day for Scotland after Referendum Deal', http://www.theguardian.com/politics/2012/oct/15/ alex-salmond-scotland-referendum-deal.

Carter, C. and McLeod, A. (2005), 'The Scottish Parliament and the European Union: Analysing Regional Parliamentary Engagement', in S. Weatherill and U. Bernitz (eds.), *The Role of Regions and Subnational Actors in Europe* (Oxford: Hart Publishing).

Charlie, J. (2006), 'Devolution and Local Government', *Publius*, 36/ 1: 57-73.

Charlie, J. (2009), 'Devolution in the United Kingdom: Problems of a Piecemeal Approach to Constitutional Change', *Publius*, 39/ 2: 289-313.

Christensen, T and Lægreid P. (2007), 'The Whole-of-Government Approach to Public Sector Reform', *Public Administration Review*, 67/6: 1059-1066.

Cohen, R. (1994), *Frontiers of Identity: The British and Others* (London: Longman).

Colley, L. (1992), *Britons: Forging the Nation 1707-1837* (London: Vintage).

Commission on Scottish Devolution (2009), Serving Scotland Better: Scotland and the United Kingdom in the Twenty-first Century, http://www. commissiononscottishdevolution.org.uk/.

Convery, A. (2013), 'Devolution and the Limits of Tory Statecraft: The Conservatives in Coalition and Scotland and Wales', Paper Presented to the Political Studies Association Annual Conference, Cardiff, UK, http://www. psa.ac.uk/sites/default/files/170_225.pdf.

Craig, C. (1996), *Out of History: Narrative Paradigms in Scottish and English Culture* (Edinburgh: Polygon).

Curtice, J. (2011), 'Scottish Election Victory for the SNP Is Labour's Reward for Devolution', *The Guardian*, http://www.theguardian.com/politics/2011/may/06/scottish-election-victory-snp-devolution.

Curtice, J. (2013a), *Future Identities: Changing Identities in the UK-The Next 10 Years*, https://www.gov.uk/government/uploads/system/uploads/attachment_data/file/275762/13-510-national-identity-and-constitutional-change.pdf.

Curtice, J. (2013b), 'Is Devolution Keeping Britain Together or Diving It Apart?', http://blog.whatscotlandthinks.org/2013/09/is-devolution-keeping-britain-together-or-driving-it-apart/.

Curtice, J. (2014), 'Is England Tiring of Its Northern Neighbour?', http://blog.whatscotlandthinks.org/2014/06/is-england-tiring-of-its-northern-neighbour/.

Curtice, J. and Seyd, B. (2001), 'Is Devolution Strengthening or Weakening the UK', in A. Alison, J. Curtice, K. Thomson, L. Jarvis, C. Bromley, and N. Stratford (eds.), *British Social Attitudes* (London: Sage).

Curtice, J., McCone, D., Park, A., and Paterson, L. (2002), *New Scotland, New Society?* (Edinburgh: Edinburgh University Press).

Cusick, L. (1994), 'Scottish Inferiority', *Scottish Affairs*, 9: 143-170.

Dardanelli, P. (2005), *Between Two Unions: Europeanisation and Scottish Devolution* (Manchester: Manchester University Press).

Darling, A. (2012), Launch Speech at Napier University, Edinburgh, UK, http://www.bettertogether.net/page/-/Resources/Speech%20final%20for%20printing.pdf.

Darling, A. (2013), 'We Belong Together: The Case for a United Kingdom', http://b.3cdn.net/better/8e048b7c5f09e96602_jem6bc28d.pdf.

Deacon, R. (2007), *Devolution in Britain Today* (Manchester: Manchester University Press).

Deacon, R and Sandry, A. (2007), *Devolution in the United Kingdom* (Edinburgh: Edinburgh University Press).

Department of Constitutional Affairs (2005), *Devolution Guidance*, http://www. dca.gov.uk.

Department for Work and Pension (2014a), *Personal Independence Payment (PIP)*, https://www.gov.uk/pip/overview.

Department for Work and Pension (2014b), *Scotland Analysis: Work and Pensions*, https://www.gov.uk/government/uploads/system/uploads/attachment_data/file/306086/scotland-analysis-work-and-pensions.pdf.

Devo Plus (2012), 'Summary Paper of the Devo PlusProposals', http://www. devoplus.com/storage/documents/Devo%20Plus%20summary.pdf.

Dewdney, R. (1997), Results of Referendum Results (1979&1997), Research Paper no. 97/113, House of Commons, file:///C:/Documents%20and%20 Settings/tku-staff/My%20Documents/Downloads/RP97-113.pdf.

Dodd, P. (1995), *The Battle over Britain* (London: Demos).

Easton, M. (2012), 'Define Britishness? It's Like Painting Wind', Retrieved May 30, 2014, http://www.bbc.co.uk/news/uk-17218635.

Education Scotland (2014a), 'The Impacts of Scots Emigrants on the Empire', http://www.educationscotland.gov.uk/higherscottishhistory/migrationandempire/impactofscotsemigrants/index.asp.

Education Scotland (2014b), 'The Scottish Influence', http://www. educationscotland.gov.uk/higherscottishhistory/migrationandempire/impactofscotsemigrants/scottishinfluence.asp.

Education Scotland (2014c), 'Irish Emigrant to Scotland in the 19th and 20th Centuries', http://www.educationscotland.gov.uk/higherscottishhistory/migrationandempire/experienceofimmigrants/irish.asp.

Ertl, A. W. (2013), *Scotland's Road to Independence: The Makings of a State Identity* (Boca Raton: Universal-Publishers).

European Union (2014), *Treaty on European Union*, http://old.eur-lex.europa.eu/LexUriServ/LexUriServ.do?uri=OJ:C:2012:326:0013:0046:EN:PDF.

Fedyashin, A. (2014), 'NATO Threatens to Deprive Scotland of "Nuclear Umbrella" If It Votes for Independence', http://voiceofrussia.com/2014_04_09/NATO-threatens-Scotland-to-deprive-nuclear-umbrella-if-country-votes-in-favour-of-independence-3811/.

Foreign and Commonwealth Office (2014), 'Scotland Analysis: EU and International Issues', https://www.gov.uk/government/uploads/system/uploads/attachment_data/file/271794/2901475_HMG_Scotland_EUandInternational_acc2.pdf.

Gagnon, A. and James T. (eds) (2001), *Multinational Democracies* (Cambridge: Cambridge University Press).

Gagnon, A. and Keating, M. (2012), *Political Autonomy and Divided Societies. Imagining Democratic Alternatives in Complex Settings* (Basingstoke Palgrave).

Gallagher, T. (2014), 'Scotland's Nationalist Folly', *The National Interest*, http://nationalinterest.org/feature/scotlands-nationalist-folly-10738.

Gardham, M. (2013), 'Van Rompuy Torpedoes SNP Claims on EU Membership', http://www.heraldscotland.com/politics/referendum-news/van-rompuy-torpedoes-snp-claims-on-eu-membership.22950437.

Gardham, M. (2014), 'Pro-independence Campaigners Protest Outside BBC Studios', http://www.heraldscotland.com/politics/referendum-news/pro-independence-campaigners-protest-outside-bbc-studios.24620136.

Gillian, P. (2004), *Governing the UK: British Politics in the 21st Century* (West

117

Sussex: John Wiley & Sons).

Ginty, R. M. (2003), 'Constitutional Referendums and Ethnonational Conflict: The Case of Northern Ireland', *Nationalism and Ethnic Politics*, 9/2: 1-22.

Goss, S. (2001), *Making Local Governance Work: Networks, Relationships and the Management of Change* (London: Palgrave Macmillan).

Harvie, C. (2000), *Scotland and Nationalism: Scottish Society and Politics 1707 to the Present* (London: Routledge).

Hassan, G. (ed.) (2009), *The Modern SNP: From Protest to Power* (Edinburgh: Edinburgh University Press).

Hassan, G. (2011), 'Anatomy of a Scottish Revolution: The Potential of Postnationalist Scotland and the Future of the United Kingdom', *Political Quarterly*, 82/3: 378.

Hassan, G. and Wadhurst, C. (2002), *Anatomy of the New Scotland* (Edinburgh: Mainstream).

Hazell, R. (2003), *The State of the Nations 2003: The Third Year of Devolution in the United Kingdom* (Exeter: Imprint Academic).

Hobsbawm, E. (1983), *Nations and Nationalism since 1780* (Cambridge: Cambridge University Press).

Hroch, M. (1985), *Social Preconditions of National Revival in Europe* (Cambridge: Cambridge University Press).

Hussain, A. and Miller, W. (2006), *Multicultural Nationalism: Islamophobia, Anglophobia, and Devolution* (Oxford: Oxford University Press).

Huston, A. (2013), *Becoming British: The Transformation of Scottish National Identity in the Long Eighteenth Century*, Unpublished Doctoral Thesis, Faculty of Emory College of Arts and Sciences, Emory University.

Institute for Fiscal Studies (2013), 'Fiscal Sustainability of an Independence

Scotland', http://www.ifs.org.uk/comms/r88.pdf.

Institute for Fiscal Studies (2014), 'Spending Cuts or Tax Increases Would be Needed to Pay for Independence White Paper Giveaways', http://www.ifs. org.uk/uploads/publications/pr/uk_scotland_pr_0406.pdf.

Ipsos MORI (2012a), 'Scots Back Inclusion of "Devolution Max" question in referendum', http://www.ipsos-mori.com/researchpublications/ researcharchive/2928/Scots-back-inclusion-of-Devolution-Max-question-in-referendum.aspx.

Ipsos MORI (2012b), 'Three in Ten May Change Their Vote in the Referendum If Devo+ Is Offered in Advance', http://www.ipsos-mori.com/ researchpublications/researcharchive/2995/Three-in-ten-may-change-their-vote-in-the-referendum-if-Devo-is-offered-in-advance.aspx.

ITV News (2012), 'Cameron and Salmond Sign Scottish Referendum Deal', http://www.itv.com/news/2012-10-15/cameron-and-salmond-sign-scottish-referendum-deal/.

Jacobson, J. (1997), 'Perceptions of Britishness', *Nations and Nationalism*, 3/2: 181-199.

James, S. (2011), 'Peoples of Britain', http://www.bbc.co.uk/history/ancient/ british_prehistory/peoples_01.shtml.

Jeffery, C (2006), 'Devolution and Local Government', *Publius*, 36/1: 57-73.

Jeffery, C., Lodge, G., and Schumueker, K. (2011), 'The devolution paradox', in G. Lodge and K. Schueker (eds.), *Devolution in Practice 2010* (London: IPPR).

Jill, S. (2007), *Corporate Governance and Accountability* (West Sussex: John Wiley & Sons).

Johnson, S. (2012), 'Barroso Indicates Independent Scotland Out of EU', http://

www.telegraph.co.uk/news/uknews/scotland/9728134/Barroso-indicates-independent-Scotland-out-of-EU.html.

Jones, R., Goodwin, M., Jones, M., and Simpson, G. (2003), 'Devolution, State Personnel, and the Production of New Territories of Governance in the United Kingdom', *Environment and Planning*, 36/1: 89-109.

Keating, M. (1996), *Nations Against the State: The New Politics of Nationalism in Quebec, Catalonia and Scotland* (London: Macmillan).

Keating, M. (1998), *The New Regionalism in Western Europe: Territorial Restructuring and Political Change* (Cheltenham: Edward Elgar).

Keating, M. (2001a), *Plurinational Democracy: Stateless Nations in a Post-Sovereignty Era* (Oxford: Oxford University Press).

Keating, M. (2001b), *Nations against the State: The New Policies of Nationalism in Quebec, Catalonia and Scotland* (Basingstoke: Palgrave).

Keating, M. (2009a), 'Nationalist Movements in Comparative Perspective', in G. Hassan (ed.), *The Modern SNP: From Protest to Power* (Edinburgh: Edinburgh University Press).

Keating, M. (2009b), *The Independence of Scotland* (Oxford: Oxford University Press).

Keating, M. (2012), 'Rethinking Sovereignty. Independence-Lite, Devolution-Max and National Accommodation, *REAF*, 16: 9-29.

Keating, M. (2014), 'Foresight: Scotland Decides', *Political Insight*, April: 18-19.

Kennedy, P. (1988), *The Rise and Fall of the Great Powers: Economic Change and Military Conflict from 1500 to 2000* (London: Fontana).

Kiely, R., McCrone, D., and Bechhofer, F. (2005), 'Whither British? English and Scottish People in Scotland', *Nations and Nationalism*, 11/1: 65-82.

Kymlicka, W. (2007), *Multicutural Odysseys: The New International Politics of Diversity* (Oxford: Oxford University Press).

Lafont, R. (1968), *Sur la France* (Paris: Gallimard).

Leach, R. and Percy-Smith, J. (2001), *Local Governance in Britain* (New York: Palgrave).

Leith, M. S. (2008), 'Scottish National Party Representations of Scottishness and Scotland', *Politics*, 28/2: 83-92.

Little, A. (2014), 'The Caribbean Colony That Brought Down Scotland', http://www.bbc.com/news/magazine-27405350.

Lodge, G. and Schmuecker, K. (2010), *Devolution Practice 2010: Public Policy Differences in the UK* (London: Institute for Public Policy Research).

Lowther, E. (2014), 'How Scottish Is David Cameron', http://www.bbc.com/news/uk-politics-26082372.

Lynch, P. (2009), 'From Social Democracy Back to No Ideology?—The Scottish National Party and Ideological Change in a Multi-level Electoral Setting', *Regional and Federal Studies*, 19/4: 619-637.

Macnab, S. (2014a), 'Better Together's "Positive" New Advert Drive', *The Scotsman,* http://www.scotsman.com/news/politics/top-stories/better-together-s-positive-new-advert-drive-1-3379191.

Macnab, S. (2014b), 'Scottish Independence: Scots Government-Nato Talks', *The Scotsman*, http://www.scotsman.com/news/politics/top-stories/scottish-independence-scots-government-nato-talks-1-3046965.

Macwhirter, I. (2014), 'How Do We Preserve Diversity of Opinion in Our Press', http://www.allmediascotland.com/press/63999/iain-macwhirter-xxx/.

Maddison, A. (2001), *The World Economy: A Millennial Perspective* (Paris: Organization for Economic Co-operation and Development).

Maine, H. J. S. (1897), *Popular Government* (Indianapolis: Liberty Fund).

Marks, G., Hooghe, L., and Blank, K. (1996), 'European Integration from the 1980s: Sate-Centric *v.* Multi-Level Governance', *Journal of Common Market Studies*, 34/3: 341-378.

Marr, A. (2013), *The Battle for Scotland* (London: Penguin).

McAngus, C. (2014), 'Better Together's Campaign Creates a Strategic Dilemma for Scottish Labour', http://blogs.lse.ac.uk/politicsandpolicy/better-togethers-create-a-strategic-dilemma-for-scottish-labour/.

McCrone, D. (2001), *Understanding Scotland: The Sociology of a Nation* (London: Routledge).

McGarry, J. and Keating, M. (eds) (2006), *European Integration and the Nationalities Question* (London: Routledge).

McKim, C. (2012), 'BBC Staff to Avoid Terms Like "Divorce" and "Break-up"', http://www.deadlinenews.co.uk/2012/06/03/indy-ref-bbc-staff-to-avoid-terms-like-divorce-and-break-up/.

Melding, D. (2013), '*Yes or No, the Scottish Independence Referendum Will Have a Lasting Impact on the Coherence of the Multi-National State*', http://eprints.lse.ac.uk/54557/.

Mike, R. (2003), 'Governmentality, Subject-Building, and the Discourses and Practices of Devolution in the UK', *Transactions of the Institute of British Geographers*, 28/1: 75-95.

Mikes, G. (1998), *How to be an Alien* (Essex: Person Education).

Miller, D. (1995), *On Nationality* (Oxford: Oxford University Press).

Miller, W. L. (1981), *The End of British Politics? Scots and English Political Behaviour in the Seventies* (Oxford: Oxford University Press).

Mitchison, R. (1982), *A History of Scotland* (London: Routledge).

Morgan, K. (2006), 'Devolution and Development: Territorial Justice and the North-South Divide', *Publius*, 36/1: 189-206.

Mycock, A. (2012), 'SNP, Identity and Citizenship: Re-imaging State and Nation', *National Identities*, 14/1 53-69.

Nairn, T. (1981), *The Break-Up of Britain: Crisis and Neo-Nationalism* (London: Verso).

NatCen (2013), 'National Identity: Exploring Britishness', http://www.bsa-31.natcen.ac.uk/read-the-report/national-identity/defining-british-identity.aspx.

NatCen (2014a), 'Being British Today: British Social Attitudes Reveals the Public's View on Britishness, Immigration and the State of the Union, http://www.futureukandscotland.ac.uk/sites/default/files/news/BSA31%20%20Press%20release%20FINAL.pdf.

NatCen (2014b), 'Key Findings: Britain 2014', http://www.bsa-31.natcen.ac.uk/read-the-report/key-findings/britain-2014.aspx.

National Library of Scotland (2014), 'Documenting the Union of Parliaments', http://www.nls.uk/collections/rare-books/collections/union-of-parliaments.

National Records of Scotland (2011), *Scotland's Census 2011,* http://www.scotlandscensus.gov.uk/.

NATO (2012), 'Deterrence and Defence Posture Review', http://www.nato.int/cps/en/natolive/official_texts_87597.htm?mode=pressrelease.

Neil, A. (2012), SNP Conference Speech, http://www.snp.org/blog/post/2012/oct/snp-conference-address-alex-neil-msp.

Newsnet Scotland (2014), 'Broadcasters Favouring No Campaign According to New Academic Study', http://newsnetscotland.com/index.php/scottish-news/8598-broadcasters-favouring-no-campaign-according-to-new-academic-study.

Newman. J. E. (2001), *Modernizing Governance: New Labour Policy and Society* (London: Sage).

Office for National Statistics (2002), 'Social Focus in Brief: Ethnicity 2002', file:///C:/Documents%20and%20Settings/tku-staff/My%20Documents/Downloads/ethnicityreport_tcm77-169174%20 (1).pdf.

Office for National Statistics (2011), 'Ethnicity and National Identity in England and Wales in 2011', http://www.ons.gov.uk/ons/dcp171776_290558.pdf.

Office for National Statistics (2013), 'Social Networking: The UK as a Leader in Europe', http://www.ons.gov.uk/ons/rel/rdit2/internet-access---households-and-individuals/social-networking--the-uk-as-a-leader-in-europe/sty-social-networking-2012.html.

Ohmae, K. (1995), *The End of the National State: The Rise of Regional Economies* (New York: Free Press).

Oliver, P. (2003), *Constitutional Reform in the United Kingdom* (Oxford: Oxford University Press).

Orborne , D. and Gaebler, T. (1992), *Reinventing Government: How the Entrepreneurial Spirit Is Transforming America* (Rreading MA: Addison-Wesley).

Osmond, J. (1988), *The Divided Kingdom* (London: Constable).

Osmond, J. (1999), *Welsh Politics in the New Millennium* (Cardiff: Institute of Welsh Affairs).

Paterson, L. (2002), 'Governing from the Centre: Ideology and Public Policy', in J. Curtice, D. McCrone, A. Park, and L. Paterson (eds.), *New Scotland, New Society?* (Edinburgh: Edinburgh University Press).

Paterson, L., Brown, A., Curtice, J., Hinds, K., McCrone, D., Park, A., Sproston, K., and Surridge, P. (2001), *New Scotland, New Policies?* (Edinburgh:

Edinburgh University Press).

Peev, G. (2012), 'Skintland! Fury over the Economist's Spoof View of Scotland's Future If It Goes Independent', http://www.dailymail.co.uk/news/article-2129426/Skintland-Fury-The-Economists-spoof-view-Scotlands-future-goes-independent.html.

Peters, B. G. (1996), *The Future of Governing: Four Emerging Models* (Kansas: University Press of Kansas).

Philipson, A. (2014), 'What Defines Britishness? The Monarchy, the BBC and Pubs', *The Telegraph*, http://www.telegraph.co.uk/news/uknews/10763573/What-defines-Britishness-The-monarchy-the-BBC-and-pubs.html.

Pittock, M. (2001), *Scottish Nationality* (Hampshire: Palgrave).

Pittock, M. (2013), *The Road to Independence? Scotland in the Balance* (London: Reaktion Books).

Plimlott, B. and Rao, N. (2002), *Governing London* (Oxford: Oxford University Press).

Preston, P. (2008), 'Cutting Scotland Loose: Soft Nationalism and Independence-in-Europe', *British Journal and International Relations*, 10: 717-728.

Pryor, F. (2011), 'Overview: From Neolithic to Bronze Age, 8000-800 BC', http://www.bbc.co.uk/history/ancient/british_prehistory/overview_british_prehistory_01.shtml.

Punkett, J. (2014), 'Maria Miller Says Independent Scotland Would Lose the BBC', *The Guardian*, http://www.theguardian.com/media/2014/feb/26/maria-miller-independent-scotland-lose-bbc.

Qvortup, M. (2012a), 'Introduction', *Nationalism and Ethnic Studies*, 18/1: 1-7.

Qvortrup, M. (2012b), 'The History of Ethno-National Referendums 1791-

2011', *Nationalism and Ethnic Studies*, 18/1: 129-150.

Qvortrup, M. (2013), 'The "Neverendum"? A history of Referendums and Independence', *Political Insights*, 4/2: 4-7.

Rachman, G. (2014), 'London Falling', *National Interest*, 132: 25-30.

Rawling, J. K. (2014), 'JK Rowling's Anti-Scottish Independence Statement in Full', *The Telegraph*, http://www.telegraph.co.uk/news/uknews/scottish-independence/10891509/JK-Rowlings-anti-Scottish-independence-statement-in-full.html.

Reform Scotland (2011), 'Devolution Plus', http://reformscotland.com/index.php/publications/details/1148.

Rhodes, R. A. W. (1988), *Beyond Westminster and Whitehall: The Sub-Central Governments of Britain* (London: Unwin Hyman).

Rhodes, R. A. W. (1997), *Understanding Governance: Policy Networks, Governance, Reflexivity and Accountability* (Buckingham: Open University Press).

Rhodes, R. A. W. (1999), *Control and Power in Central-Local Relations* (Aldershot: Ashgate).

Riddoch, L. (2013), 'Independence White Paper Places Childcare Centre Stage', http://www.newsnetscotland.com/index.php/scottish-opinion/8405-independence-white-paper-places-childcare-centre-stage.

Riley-Smith, B. (2014), 'Scottish Independence"Would Be Cataclysmic for the World", Ex-Nato Head Warns', *The Telegraph,* http://www.telegraph.co.uk/news/uknews/scottish-independence/10751728/Scottish-independence-would-be-cataclysmic-for-the-world-ex-Nato-head-warns.html.

Rojek, C. (1993), *Ways of Escape* (London: Macmillan).

Rosanne, P. (2008), *Devolution, Asymmetry and Europe: Multi-Level*

Governance in the United Kingdom (Germany: Peter Lang).

Rosecrance, R. N. and Stein, A. A. (eds) (2006), *No More State? Globalization, National Self-Determination, and Terrorism* (London: Rowman and Littlefield).

Russell, P. (2014), 'A Message for RUK: The SNP IS a Centre-Right Party', http://labourlist.org/2014/03/a-message-for-ruk-the-snp-is-a-centre-right-party/.

Russell, D. and Alan, S. (2007), *Devolution in the United Kingdom* (New York: Columbia University Press).

Salmond, A. (2006), Conference Speech, http://www.snp.org/media-centre/news/2006/oct/alex-salmond-delivers-conference-speech.

Salmond, A. (2014), SNP Conference Speech in Aberdeen, UK, http://www.heraldscotland.com/politics/viewpoint/alex-salmond-snp-conference-speech.1397313096.

Scots Language Centre (2014), '*What Is Scots*', http://www.scotslanguage.com/books/view/2/.

Scott, P. (1990), *Knowledge and Nation* (Edinburgh: Edinburgh University Press).

Scott, P. H. (2006), *The Union of 1707: Why and How?* (Edinburgh: Bell and Bran).

Scott, P. H. (2013), *A Nation Again: Why Independence Will Be Good for Scotland and England Too* (Edinburgh: Luath Press).

Scott, P. H. (2014), *Scotland: A Creative Past, an Independent Future* (Edinburgh: Luath Press).

Scottish Executive (2007), *Choosing Scotland's Future*, http://www.scotland.gov.uk/Resource/Doc/194791/0052321.pdf.

Scottish Government (2009a), *Your Scotland, Your Voice* (Edinburgh: Scottish Government).

Scottish Government (2009b), 'Scotland's Diaspora and Overseas-Born Population', http://www.scotland.gov.uk/Resource/Doc/285746/0087034.pdf.

Scottish Government (2010), 'Scotland's Future: Draft Referendum (Scotland) Bill Consultation Paper', http://www.scotland.gov.uk/Resource/Doc/303348/0095138.pdf.

Scottish Government (2012), *Scotland's Global Conections Survey 2012*, http://www.scotland.gov.uk/Resource/0044/00442854.pdf.

Scottish Government (2013a), *Scotland's Future: Your Guide to an Independent Scotland*, http://scotgov.publishingthefuture.info/publication/scotlands-future.

Scottish Government (2013b), 'Childcare and Female Labour Market Participation', http://www.scotland.gov.uk/Resource/0043/00439259.pdf.

Scottish Government (2013c), *High Level Summary of Statistics*, http://www.scotland.gov.uk/Topics/Statistics/Browse/Population-Migration/TrendPDF.

Scottish Government (2014a), 'Great Minds: Scotland's Celebrated Scientists and Philosophers', http://www.scotland.org/image-galleries/#great-minds-scotlands-celebrated-scientists-and-philosophers.

Scottish Government (2014b), 'The Scottish People', http://www.scotland.org/about-scotland/the-scottish-people/ancestry/.

Scottish Government (2014c), 'Overview of Equality Results from the 2011 Census Release 2', http://www.scotland.gov.uk/Resource/0044/00446638.pdf.

Scottish Independence Bill (2014), http://www.scotland.gov.uk/Resource/0045/00452762.pdf.

Scottish Parliament (2011), 'Election 2011', http://www.scottish.parliament.uk/ResearchBriefingsAndFactsheets/S4/SB_11-29.pdf.

Scottish Parliament (2013), 'Scottish Independence Referendum Bill: Policy Memorandum', http://www.scottish.parliament.uk/S4_Bills/Scottish%20 Independence%20Referendum%20Bill/b25s4-introd-pm-rev.pdf.

Settle, M. (2013), 'Patten: BBC Is Up to Covering 2014 Poll, But It Won't Be Easy', http://www.heraldscotland.com/politics/referendum-news/patten-the-bbc-is-up-to-covering-2014-poll-but-it-will-not-be-easy.21341831.

Shephard, M. and Quinlan, S. (2014), 'Tipping Point Online, Tripping Point Offline', http://www.discoversociety.org/2014/04/01/tipping-point-online-tripping-point-offline/.

Smith, A. D. (1986), *The Ethnic Origins of Nations* (Oxford: Basil Blackwell).

Smith, G. G. (1919), *Scottish Literature, Character and Influence* (London: Palgrave Macmillan).

Stojanovic, T. and Barker, N. (2008), 'Improving Governance through Local Coastal Partnerships in the UK', *The Geographical Journal*, 174/ 4: 344-360.

Stoker, G. (2004), *Transforming Local Governance: From Thatcherism to New Labour* (London: Palgrave Macmillan).

Surridge, P. (2002), 'Society and democracy: The New Scotland', in J. Curtice, D. McCrone, A. Park, and L. Paterson (eds.), *New Scotland, New Society?* (Edinburgh: Edinburgh University Press).

Sutherland, J. (2012), 'The Peculiar Legacies of Walter Scott', http://www.the-tls.co.uk/tls/public/article1039746.ece.

Taylor, T. (2013), Overall Evidence Taken before the Defence Committee, 18 June 2013, HC 198, 2013-14, http://www.publications.parliament.uk/pa/cm201314/cmselect/cmdfence/198/130618.htm.

The Economist (2012), 'It Will Cost You', http://www.economist.com/node/21552564.

The Electoral Commission (2013), 'Referendum on Independence for Scotland: Advice of the Electoral Commission the Proposed Referendum Question', http://www.electoralcommission.org.uk/__data/assets/pdf_file/0007/153691/ Referendum-on-independence-for-Scotland-our-advice-on-referendum-question.pdf.

The Electoral Commission (2014), 'Information Booklet for the Scottish Independence Referendum', http://www.electoralcommission.org.uk/find-information-by-subject/elections-and-referendums/upcoming-elections-and-referendums/scottish-referendum.

The European Commission for Democracy through Law (2005), 'Referendums in Europe: An Analysis of the Legal Rules in European Studies', http://www. venice.coe.int/webforms/documents/default.aspx?pdffile=CDL-AD (2005) 034-e.

The European Commission for Democracy through Law (2006), 'Code of Good Practice on Referendums', https://wcd.coe.int/ViewDoc.jsp?id=1133019.

The Government of Wales Act 2006 (2006), http://www.legislation.gov.uk/ ukpga/2006/32/notes/contents.

The Independent (2014, June 26), 'Alistair Darling Makes Passionate Plea for Scotland to Stay in the UK', http://www.independent.co.uk/news/uk/ politics/alistair-darling-makes-passionate-plea-for-scotland-to-stay-in-the-uk-7881212.html.

The Guardian (2013, November 26), 'Independent Scotland Will Keep Sterling, Says Alex Salmond', http://www.theguardian.com/politics/2013/nov/26/ scottish-indpendence-fairer-prosperous-alex-salmond.

The Pensions Regulator (2014), 'The Essential Guide to Automatic Enrolment', http://www.thepensionsregulator.gov.uk/employers/e-brochure/index.html#1.

The Scotland Act 1998 (1998), http://www.legislation.gov.uk/ukpga/1998/46/contents.

Tonge, J. (2011), 'The 2011Devolved Elections in the UK', *Political Insights*, 2/2: 7-10.

Torrance, D. (2013), *The Battle for Britain: Scotland and the Independence Referendum* (London: Biteback).

Trench, A. (2007), *Devolution and Power in the United Kingdom* (Manchester: Manchester University Press).

UK Government (2013), 'Scotland Analysis: Defence', https://www.gov.uk/government/uploads/system/uploads/attachment_data/file/248654/Scotland_analysis_Defence_paper-FINAL.pdf.

UK Parliament (2014a), 'Union between Scotland and England?', http://www.parliament.uk/about/living-heritage/evolutionofparliament/legislativescrutiny/act-of-union-1707/overview/union-between-scotland-and-england/.

UK Parliament (2014b), *Act of Union 1707*, http://www.parliament.uk/documents/heritage/articlesofunion.pdf.

UK Government (2014a), 'Scotland Analysis: Borders and Citizenship', https://www.gov.uk/government/uploads/system/uploads/attachment_data/file/274477/scotland_analysis_borders_citizenship.pdf.

UK Government (2014b), 'Scotland: Business and Microeconomic Framework', https://www.gov.uk/government/uploads/system/uploads/attachment_data/file/289315/Business_and_microeconomic_framework_summary.pdf.

UK Government (2014c), 'Scotland Analysis: EU and International Issues', https://www.gov.uk/government/uploads/system/uploads/attachment_data/file/271794/2901475_HMG_Scotland_EUandInternational_acc2.pdf.

UNCTAD (2011), UNCTAD Statistics, http://unctad.org/en/Pages/Statistics. aspx.

UNESCO (2010), *Atlas of the World's Languages in Danger*, http://www. unesco.org/culture/languages-atlas/en/atlasmap.html.

Wales Office (2005), *Better Governance for Wales* (London: Stationary Office).

Watts, D. (2007), *A Glossary of UK Government and Politics* (New York: Columbia University Press).

Welsh Assembly Government (2010), 'What is the Welsh Government Responsible for?', http://wales.gov.uk/about/organisationexplained/ responsiblefor/?lang=en.

Wallwork, J. and Dixon, J. A. (2004), 'Foxes, Green Fields and Britishness: On the Rhetorical Construction of Place and National Identity', *British Journal of Social Psychology*, 43: 21-39.

Yes Scotland (2013), 'Project Fear-No Campaign's Unbelievable Scares', https://d3n8a8pro7vhmx.cloudfront.net/yesscotland/pages/1755/attachments/ original/1373290492/YES_A4_Project_Fear_July13.pdf.

YouGov (2011), 'Defining Britishness', http://cdn.yougov.com/today_uk_ import/yg-archives-cam-royal-wedding-dossier-280411.pdf.

國家圖書館出版品預行編目資料

蘇格蘭獨立公投：政策發展與挑戰／黃琛瑜
著. — 初版. — 臺北市：五南，2014.09
　　面；　　公分.
ISBN 978-957-11-7798-4（平裝）

1.公民投票　2.蘇格蘭

572.63　　　　　　　　　　103016981

1PAH

蘇格蘭獨立公投：
政策發展與挑戰

作　　者 ― 黃琛瑜(292.2)

發 行 人 ― 楊榮川

總 編 輯 ― 王翠華

執行主編 ― 劉靜芬

封面設計 ― P.Design視覺企劃

出 版 者 ― 五南圖書出版股份有限公司

地　　址：106台北市大安區和平東路二段339號4樓

電　　話：(02)2705-5066　　傳　　真：(02)2706-6100

網　　址：http://www.wunan.com.tw

電子郵件：wunan@wunan.com.tw

劃撥帳號：01068953

戶　　名：五南圖書出版股份有限公司

台中市駐區辦公室/台中市中區中山路6號

電　　話：(04)2223-0891　　傳　　真：(04)2223-3549

高雄市駐區辦公室/高雄市新興區中山一路290號

電　　話：(07)2358-702　　傳　　真：(07)2350-236

法律顧問　林勝安律師事務所　林勝安律師

出版日期　2014年9月初版一刷

定　　價　新臺幣250元